Que d'histoires !

Série 1

Cahier d'activités

MÉTHODE DE LECTURE CE1

Françoise Guillaumond
Professeur des écoles

Françoise Lagache
*Agrégée de lettres modernes,
formatrice, université de Nantes*

Marie-Claude Peirtsegaele
Professeur des écoles

MAGNARD
www.quedhistoires.fr

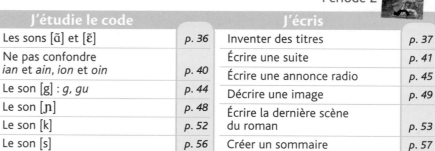
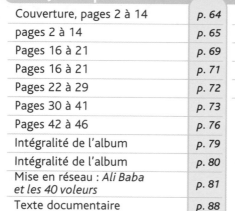

Même pas peur !

Période 4

Je te sauverai !

Période 5

© Éditions Magnard, 2011 - 5, allée de la 2e DB - 75015 Paris.

Date . . . .

Je comprends

1 À quoi ça sert de lire ? Relie ce qui va ensemble.

me distraire   apprendre   savoir où je suis   jouer

2 Écris sous chaque dessin à quelle consigne il correspond.

j'entoure   je coche   je barre   je colorie   je numérote

je dessine   je recopie   je complète   je relie

je coche

je barre

je relie

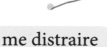

je complète

je colorie

je entoure

je numérote

je dessine

je recopie

Je révise les lettres

1 Écris des mots qui contiennent la lettre demandée.

a comme dans *Samedi*   **e** comme dans *Zoï*

i comme dans *dix*   **o** comme dans *Eloï*

u comme dans *quatre*

2 Entoure les voyelles dans les mots suivants.

ananas   mur   crevette   nid   coq   douze

3 Entoure les consonnes dans les mots suivants.

égratignure   animal   explication   pinceau   fleuve

4 Entoure le mot si tu entends le son demandé. Attention aux intrus !

[a]	[i]	[o]	[y]	[ə]
boa	nid	robinet	loup	poule
maison	sapin	poisson	cube	poupée
gant	balai	rocher	lundi	rentrer
ami	chérie	pompier	nuage	tirelire

5 Écris le mot en utilisant les lettres données.

  | o d o m i n |

 | e r u a s o n i d |

  | e r o b |

  | e n s i r è |

Date Samedi 26 Septembre 2015

Je révise les syllabes

Du CP au CE1

1 Classe les mots dans le tableau.

TBC

(vendredi) (château) (enfant) (peur) (grondement) (col)
   3   2   2   1

1 syllabe	2 syllabes	3 syllabes
col peur ✓	enfant château ✓	Vendredi ✓
		grondement ✓

2 Recopie les mots en écrivant une syllabe par case.

drapeau   tricycle   kangourou   jardin   cirque

| dra | peau | | tri | cy | cle | | kan | gou | rou | | jar | din | | cir | que |

3 Entoure la syllabe commune aux mots de chaque liste.

- table, tapis, retaper
- retour, tournevis, détourner   ✓
- biberon, aviron, arrondi

4 Entoure la syllabe qui convient et écris le mot.

TB

ron < dé / de   ar < doi / loi > se   mi < li > vre   main < pein > tu < re / le

ronde   ardoise   li vre   pein tu re

5 J'écris le nom de mes jeux préférés.

la tablette   le Hockey ✓

Je corrige et j'écris sans fautes.

6

Date Samedi 26 Septembre 2015

J'écris

1 **Entoure les activités où il est nécessaire d'écrire.**

répondre au téléphone ✗   (faire une liste de courses)

(faire des mots croisés)   jouer au ballon ✗

(jouer à la marelle)   (compléter un texte)

(répondre à une lettre)   (faire une dictée)

s'habiller ✗   construire un château de sable ✗

2 **Choisis deux mots qui te plaisent dans un dictionnaire et recopie-les.**

- ....

- ....

3 **Complète la phrase (aide-toi de ce qui est écrit au tableau).**

J'aimerais savoir écrire une roman ou une recette de chocolat.

Je comprends

1 **Vrai (V) ou Faux (F) ?**

☐ Le héros de l'histoire est un enfant.

☐ Le héros de l'histoire est une reine.

☐ Le héros de l'histoire est une princesse.

☐ C'est l'histoire d'une petite fille qui perd sa gomme.

☐ Sur la première de couverture, on voit une souris.

☐ Cet album raconte une histoire qui se déroule au temps de la préhistoire.

2 **Invente un autre titre à cet album.**

....

....

3 **Écris deux questions que tu te poses sur l'histoire que tu vas lire.**

• ....

....

• ....

....

Je comprends

1 Colorie, dans chaque paire, la phrase qui correspond à l'histoire.

Galathée est renvoyée de l'école Turlututu.

Galathée est obligée d'aller à l'école Turlututu.

Galathée a très envie de devenir une vraie princesse.

Galathée ne veut pas être une vraie princesse.

Le bulletin scolaire de Galathée a provoqué une fête au château.

Le bulletin scolaire de Galathée a provoqué une tempête au château.

2 Entoure uniquement les phrases prononcées par le père de Galathée.

- C'est tout à fait ce qu'il nous faut !
- Ma chérie, tu vas enfin devenir une princesse élégante et cultivée !
- Arrête de faire les pieds au mur !
- Fais tes bagages immédiatement !
- Princesse ! princesse ! Ils n'ont que ce mot-là à la bouche !
- Nous avons décidé de t'inscrire à l'école Turlututu.

3 Aide-toi de la liste de mots et de l'illustration page 6 pour écrire ce que fait Galathée dans sa chambre.

fenêtre   vêtements   colère   jette   valise   affaires

La princesse jette ses vêtements par la fenêtre en colère.

[t] / [d]

J'étudie les sons [t] et [d]

t / d

1 Entoure le dessin en (rouge) si tu entends [t], en (bleu) si tu entends [d].

2 Écris les mots à l'aide des syllabes.

tu   dou   ta   voi   re   ble   che

une *douche*   une *table*   une *voiture*

3 Complète avec les mots suivants.   (température)   (montre)   (jeudi)

Après mercredi il y a *jeudi* .

Elle nous donne l'heure : la *température*.

Lorsqu'il fait très chaud, elle monte : la *montre* .

4 Complète avec les lettres *t* ou *d*.

une *t*oile   le *t*éléphone   les *d*ominos   un râ . . eau

un *d*inosaure   un ca . . enas   un car . . able   un . . octeur

5 J'écris   Fais la liste de ce qu'il y a dans le panier.

• quatre . . . .

• . . . .

• . . . .

• . . . .

• . . . .

Je corrige et j'écris sans fautes.

• . . . .

• . . . .

• . . . .

• . . . .

• . . . .

J'écris

1 **Écris le portrait de Galathée.**

Aide-toi de ton TRÉSOR DE MOTS et de ce qui est écrit au tableau.

Galathée est

Elle a les cheveux

Elle porte

Elle aime

Elle déteste

2 **Fais ton portrait en suivant l'exemple de celui de Galathée.**

Je comprends

1 **Retrouve et continue les phrases, en t'aidant des indications de page.**

(p. 9) • Le carrosse dépasse les grilles . . . .

(p. 11) • Le roi et la reine repartent . . . .

(p. 18) • Galathée se plie en deux, ...

. . . .

2 **Dans chaque paire, colorie ce qui se passe en premier.**

> Bienvenue à l'école Turlututu ! dit le directeur.

> Le directeur baise les mains de la reine et de Galathée.

> Galathée fait une grimace aux apprenties princesses.

> Les apprenties princesses se regroupent autour de Galathée.

3 **Relie chaque personnage aux paroles qu'il prononce.**

• Une ! Deux ! Une ! Deux !

• Faites-moi une révérence, je vous prie.

• Un kilomètre à pied, ça use les souliers.

• Et trois ! Et quatre !

• Bienvenue à l'école Turlututu !

• À table, Mesdemoiselles ! À petits pas menus !

Je comprends

Chapitre 4

1 **Numérote les personnages, du premier qui parle au dernier.**

[. . .]   Le professeur de broderie

[. . .]   Le directeur

[. . .]   Mademoiselle Lagriotte

[. . .]   Le professeur de danse

2 **Réponds aux questions.**

● Sur combien de matelas et d'édredons la reine fait-elle dormir la princesse au petit pois ?

. . . . matelas

. . . . édredons

● La princesse du conte a-t-elle passé une bonne nuit avec un petit pois dans son lit ? Recopie sa réponse.

. . . .

● Galathée a-t-elle passé une bonne nuit avec une boîte de petits pois sous son matelas ? Retrouve la phrase qui le dit dans ton livre et recopie-la.

. . . .

. . . .

● Que fait Galathée dans sa classe spéciale ?

. . . .

● Dans le conte, le prince sait que la princesse au petit pois est une vraie princesse…

[ ] parce qu'elle est très polie.   [ ] parce qu'elle est très belle.

[ ] parce qu'elle est très douillette.

👂 [f] / 👂 [v]
👁 f / 👁 v

J'étudie les sons [f] et [v]

1 Entoure le dessin en (rouge) si tu entends [f], en (bleu) si tu entends [v].

2 Écris les mots à l'aide des syllabes.

| ne | phin | ri | va | li | dau | se | fa |

une . . . .   un . . . .   de la . . . .

3 Complète avec les mots suivants.   (vent)   (fourchette)   (neuf)

Je l'utilise pour manger : la . . . .

Après huit il y a . . . .

Pour s'envoler, mon cerf-volant a besoin de . . . .

4 Complète avec les lettres f ou v.

un la . . abo   les . . leurs   un li . . re   la . . ée

la . . enêtre   un a . . ion   un ca . . é   le . . leuve

5 J'écris   Fais la liste des animaux rencontrés au zoo.

Je corrige et j'écris sans fautes.

. . . .

. . . .

. . . .

. . . .

J'écris

 Choisis un personnage de conte, dessine-le dans le cadre et écris son nom.
Puis écris un dialogue entre Galathée et ce personnage.
Aide-toi de ce qui est écrit au tableau et de ton TRÉSOR DE MOTS.

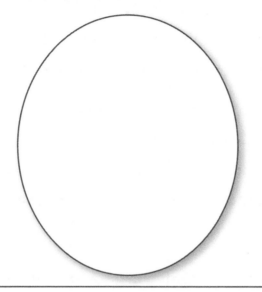

. . . .

Je comprends

1 **Coche la bonne réponse.**

- Galathée est en retard…

☐ parce qu'elle a donné à manger à sa souris.

☐ parce qu'elle lisait un livre passionnant.

☐ parce qu'elle s'est endormie sur son tablier.

- Mademoiselle Lagriotte punit Galathée…

☐ parce que Galathée est en retard.

☐ parce que Galathée est ébouriffée.

☐ parce que Galathée lui a envoyé un seau d'eau à la figure.

2 **Recopie ce que dit Mademoiselle Lagriotte lorsqu'elle punit Galathée.**

. . . .

. . . .

. . . .

3 **Colorie de la même couleur les phrases qui ont le même sens.**

a. Galathée est en retard.

b. Mademoiselle Lagriotte dit : « C'est l'heure de se mettre en pyjama. »

c. Galathée ne s'est pas ennuyée.

d. Mademoiselle Lagriotte dit : « Mettez-vous en tenue de nuit ! »

e. Galathée n'a pas vu le temps passer.

f. Galathée n'est pas à l'heure.

Je comprends

1 **Relie chaque personnage à ce qu'il dit.**

- Qu'est-ce que c'est ?

- Regardez vous-même.

- Au cachot ! Au pain sec et à l'eau !

- Salut les girls !

- Tiens ! Voilà qui va vous faire du bien !

2 **Colorie en** rouge **les mots soulignés qui désignent Galathée,
en** bleu **ceux qui désignent la souris.**

- Elle retire son tablier.

- Elle pousse de petits cris.

- Elle atterrit sur le nez de la surveillante et elle se glisse dans le col
du chemisier de Mademoiselle Lagriotte.

- Elle envoie un seau d'eau dans la figure de la surveillante.

- Galathée, vous serez punie ! dit Mademoiselle Lagriotte, enfin revenue à elle.

3 **Réponds aux questions suivantes.**

- Comment Galathée appelle-t-elle les apprenties princesses ? . . . .

- Comment Galathée appelle-t-elle Mademoiselle Lagriotte ? . . . .

4 **Trouve et recopie deux adjectifs qu'utilise Mademoiselle Lagriotte
pour qualifier Galathée.**

. . . .

J'étudie les sons [p] et [b]

👂 [p] / 👂 [b]

👁 p / 👁 b

1 Entoure le dessin en ⟨ rouge ⟩ si tu entends [p], en ⟨ bleu ⟩ si tu entends [b].

2 Écris les mots à l'aide des syllabes.

bot	me	pa	che	plu	que	bou

la . . . .   une . . . .   un . . . .

3 Barre le mot qui ne convient pas.

Galathée a la ⟨ peau / beau ⟩ bronzée.

Une ⟨ moule / poule ⟩ picore du ⟨ pain / bain ⟩ dur.

4 Complète avec les lettres p ou b.

une . . balançoire   un micro . . e   un . . outon   la . . luie

5 J'écris   Écris ce que tu vois dans cette chambre.

. . . .

. . . .

. . . .

. . . .

Je corrige et j'écris sans fautes.

J'écris

Raconte l'épisode de la punition de Galathée par Mademoiselle Lagriotte : c'est la souris qui parle.

Aide-toi de ce qui est écrit au tableau.

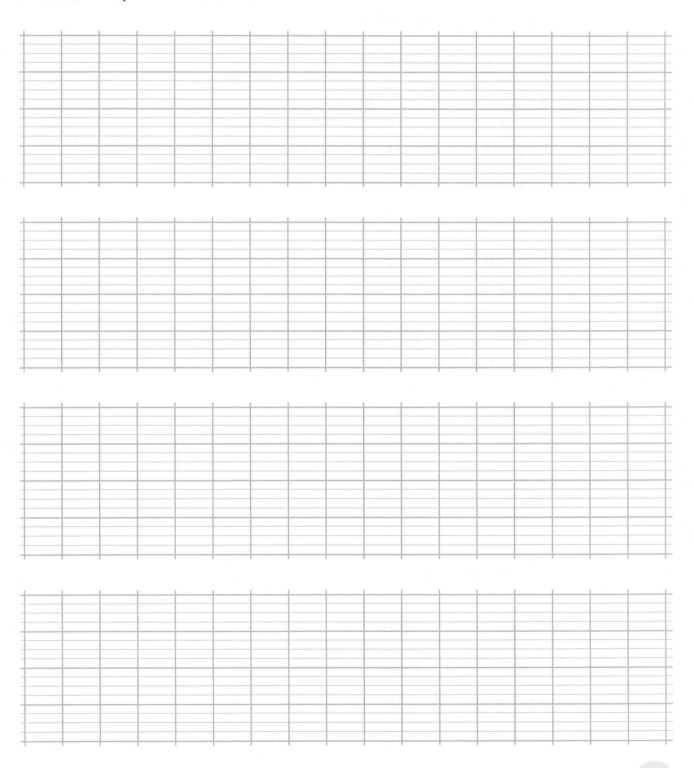

Date . . . .

Je comprends

Chapitre 6

1 **Entoure la phrase qui a le même sens que la phrase encadrée.**

| Dans le cachot, il fait noir comme dans un four. |

- Dans le cachot, le jour se lève.
- Galathée est enfermée dans un four tout noir.
- Dans la prison, il fait tout noir.

| Soudain la porte vole en éclats. |

- La porte s'ouvre tout doucement.
- La porte se casse en mille morceaux.
- La porte grince et tombe par terre.

2 **Recopie les phrases qui montrent ce que fait le dragon quand il voit Galathée pour la première fois.**

. . . .

. . . .

. . . .

3 **Numérote les phrases dans l'ordre de l'histoire.**

- [. .] Le cou du dragon s'allonge, s'allonge.
- [. .] Le dragon se met à rire.
- [. .] La tête du dragon tombe par terre.
- [. .] La tête du dragon se met à tourner sur elle-même.

1 Relie chaque personnage à ce qu'il dit.

- Quel drôle de dragon tu fais…

- Dis donc toi, t'es bien une princesse, non ?

- J'adore bricoler des gadgets animés.

- Ça alors, le dragon sait parler !

- Bravo !

- Je déteste monter à cheval.

2 Recopie la réplique de Galathée qui montre qu'elle n'est pas contente de rencontrer un prince.

. . . .

3 Relève dans l'album deux indices qui montrent qu'Arthur est également un prince à la gomme.

. . . .

. . . .

4 Numérote dans l'ordre les étapes de l'histoire.

[. . .] À l'intérieur du dragon se trouve un garçon à lunettes.

[. . .] Galathée est enfermée dans le cachot de l'école.

[. . .] La porte du cachot vole en éclats.

[. . .] Galathée et le prince Arthur font connaissance.

Date . . . .

J'étudie la lettre a : *a, ai, au, eau*

 a / ai / au / eau

1 Classe les mots dans le tableau. Certains vont dans plusieurs cases.

maison   matin   agneau   taupe   dromadaire

a		
👂 [a]	👂 [ɛ]	👂 [o]

2 Remets les lettres dans l'ordre pour écrire chaque mot.

 | l a b i a |
. . . .

 | a u e g â t |
. . . .

 | n i s i a r |
. . . .

3 Barre l'intrus dans chaque ligne.

- fontaine, poulain, jamais, craie, paire

- saut, faute, auto, volant, gauche

- râteau, bateau, épaule, couteau, château

4 (J'écris) Invente une phrase avec ces deux mots : *aspirateur* et *crapaud*.

• . . . .

Je corrige et j'écris sans fautes.

• . . . .

J'écris

1 **Raconte la rencontre entre Galathée et Arthur en bande dessinée.**

Je comprends

1 Numérote les phrases dans l'ordre de l'histoire.

... Pendant ce temps, à l'extérieur, c'est la panique.

1 Des canons sont pointés sur la porte d'entrée.

... Arthur jaillit du ventre du dragon.

... Dans le ventre du dragon, Arthur se tord de rire.

6 La foule est un instant frappée de stupeur.

... Galathée exécute un magnifique saut périlleux avant.

 2 Entoure la phrase qui a le même sens que la phrase encadrée.

| La foule est frappée de stupeur. |

- La foule se met à crier.

- Les gens sont très étonnés.

- Les gens applaudissent très fort.

 3 Retrouve la phrase qui montre que le père de Galathée n'est pas fâché contre sa fille à la fin de l'histoire.

. . . .

. . . .

 4 Que dit Arthur lorsque Galathée fait un saut périlleux avant ?

. . . .

Je comprends

Écris le texte qui manque sur l'affiche dans le cadre.

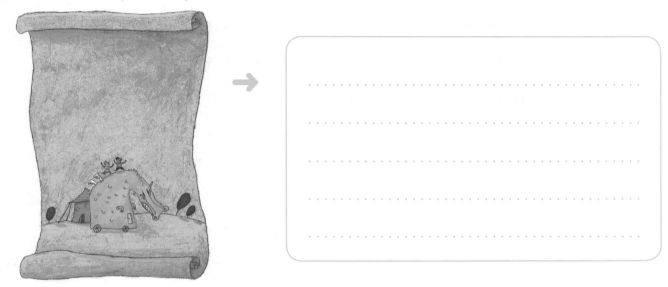

. . . .

. . . .

. . . .

. . . .

. . . .

Numérote les illustrations dans l'ordre de l'histoire.

Écris la première et la dernière phrases prononcées par le roi dans l'album.

. . . .

. . . .

. . . .

Date . . . .

J'étudie la lettre *o* : *o, oi, ou, on*

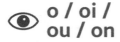 o / oi / ou / on

1 Classe ces mots dans le tableau.

| courir | soif | un dragon | un salto |

o			
[o]	[wa]	[u]	[ɔ̃]

2 Utilise toutes les lettres pour écrire le mot dessiné.

 p u l o . . . .

 e a o u s i . . . .

 n g u o e . . . .

 e r v i o t u . . . .

3 Barre l'intrus dans chaque ligne.

- baignoire, poire, balançoire, brioche, boire
- poupée, boulanger, monde, mouche, toujours

4 À l'aide des dessins, écris chaque mot au bon endroit dans la grille.

b					
t					
é					

5 J'écris   Invente une phrase avec ces deux mots : *armoire* et *loup*.

• . . . .

Je corrige et j'écris sans fautes.

• . . . .

Date . . . .

J'écris

Écris ce que tu voudrais faire plus tard, puis illustre ton texte.
Aide-toi de ce qui est écrit au tableau et de ton TRÉSOR DE MOTS.

Quand je serai grand(e) ,

LE SAVAIS-TU ?
Le mot « cirque » vient du mot latin *circus* qui veut dire « cercle ».

LE CIRQUE
La piste aux étoiles

Le cirque, c'est une très vieille histoire ! L'acrobatie et les spectacles équestres existaient déjà il y a 2 000 ans.
Et aujourd'hui, qui sont les artistes du cirque ?

Billes de clowns

Autrefois, ils amusaient le public en faisant les pitres sur un cheval. **Aujourd'hui, ils savent tout faire** : jongler, faire des mimes et même jouer de la musique !

La grande famille des acrobates ▶

Empilés les uns sur les autres, les **équilibristes** se tiennent sur les mains. Les **contorsionnistes** plient leur corps dans tous les sens et les **jongleurs** lancent et attrapent des objets avec adresse. Dans les airs, les **funambules** se déplacent gracieusement sur une corde raide.

28

Dresseur d'animaux, un métier à risque ! ▶

Le dompteur aime ses fauves et travaille chaque jour avec eux. Il faut compter **six mois de dressage** pour qu'un animal exécute correctement un numéro.

Le trapéziste, un homme-oiseau !
Heureusement, il y a un filet pour protéger les artistes !

Comment devient-on artiste de cirque ?
Dès l'âge de 5 ans, les enfants nés dans les cirques savent jongler ou faire des acrobaties. Il existe aussi des **écoles de cirque**, qui forment des artistes professionnels. Tu peux te renseigner auprès de la Fédération française des écoles de cirque (FFEC).

▼ En coulisses

Une fois la représentation achevée, **le cirque repart vers une autre ville**. Il faut alors déplacer rapidement le chapiteau, la ménagerie, les remorques, les caravanes des artistes, et des dizaines de personnes !

LE SAVAIS-TU ?
Un cirque se monte en 3 heures et se démonte en 1 heure et demie.

Cirques d'ailleurs

C'est aux États-Unis que se trouvent les plus grands cirques du monde. Ils présentent jusqu'à 200 artistes chaque soir. Les **trapézistes mexicains** sont connus dans le monde entier et c'est en **Chine** que l'on trouve les meilleurs **acrobates**.

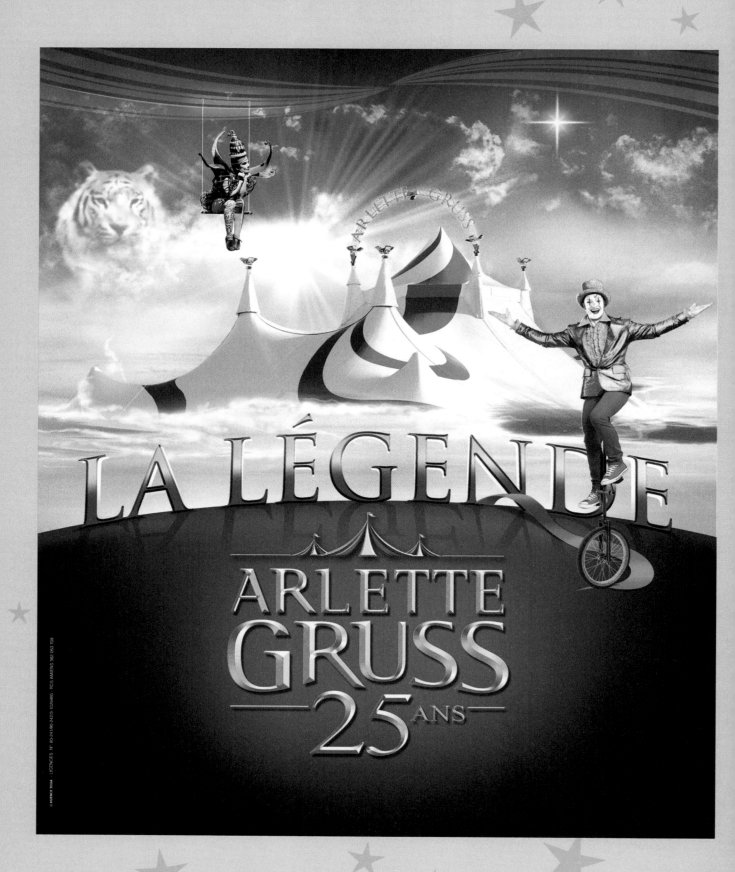

Au cirque

Ah ! Si le clown était venu !
Il aurait bien ri, mardi soir :
Un magicien en cape noire
A tiré d'un petit mouchoir
Un lapin, puis une tortue
Et, après, un joli canard.
Puis il les a fait parler
En chinois, en grec, en tartare.
Mais le clown était enrhumé :
Auguste était bien ennuyé.
Il dut faire l'équilibriste
Tout seul sur un tonneau percé.
C'est pourquoi je l'ai dessiné
Avec des yeux tout ronds, tout tristes
Et de grosses larmes qui glissent
Sur son visage enfariné.

Maurice Carême,
À cloche-pied © Fondation
Maurice Carême.

Au cirque

Au grand cirque de l'Univers
On voit sauter des trapézistes
Des clowns, des jongleurs, des artistes
S'envoler à travers les airs.

L'écuyère sur ses chevaux
Passe du noir au brun, au blanc,
Le funambule sans élan,
Droit sur son fil, saute là-haut.

Tout saute à s'en rompre le crâne :
Les lions sur des tambours dorés,
Les tigres sur des tabourets…
Moi, je saute du coq à l'âne.

Jacques Charpentreau, *Poèmes pour
peigner la girafe*, Gautier-Languereau.

Une jeune dame, bigre, bigre !
Un jour s'assit sur un tigre.
Elle s'en alla en souriant.

Quand elle revint avec le tigre
elle était assise dedans
et le tigre était souriant.

Claude Held, *inédit.*

Je comprends

 Complète le texte avec les mots suivants.

> filet   2 000 ans   chapiteau   oiseau   jongler
>
> piste   jouer de la musique

L'acrobatie et les spectacles équestres existaient déjà il y a . . . .

Aujourd'hui les clowns savent . . . . et . . . .

On monte le . . . . avant le spectacle et on le démonte après.

Les artistes du cirque font leur numéro sur la . . . .

Le trapéziste s'envole dans le ciel comme un . . . . ;

heureusement, il y a un . . . . pour le protéger en cas de chute.

 Écris la légende qui convient sous chaque illustration.

. . . .

. . . .

 Où trouve-t-on les plus grands cirques du monde ?

. . . .

J'écris

Cahier p. 30

Date . . . .

Imagine à quoi rêve le tigre, le trapéziste ou le clown de l'affiche, page 30. Puis illustre ton texte. Aide-toi de ton TRÉSOR DE MOTS.

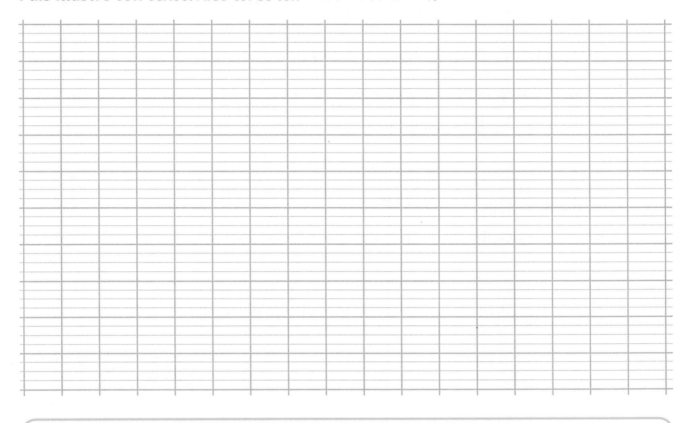

Date . . . .

Je comprends

Chapitre 1

1 Coche les phrases qui correspondent à l'histoire.

☐ Suzanne et Théo vont dans la même école.

☐ Suzanne et Théo sont dans la même classe.

☐ Suzanne est sortie la première de l'école.

☐ La voiture date d'avant le cinéma en noir et blanc.

2 Réponds aux questions en t'aidant du texte.

a. Comment s'appelle le type de voiture rangée devant le garage ?

. . . .

b. Recopie la phrase dans laquelle la voiture est décrite comme une star.

. . . .

. . . .

. . . .

3 Dessine la voiture telle qu'elle est décrite dans le texte.

1 Coche les phrases qui correspondent à l'histoire.

☐ La voiture est rose et bleue.

☐ Théo compare le coffre de la voiture à une gueule de crocodile.

☐ Le coffre de la voiture peut contenir deux personnes plutôt maigres.

☐ Laurel et Hardy sont montés dans le coffre.

☐ Un génie des routes referme le coffre sur Suzanne et Théo.

2 Ajoute *Théo* ou *Suzanne* pour dire qui parle dans la première réplique.

« Alors ? demanda . . . .

– C'est bien, et même très bien…»

Théo n'eut pas le temps de continuer sa phrase.

3 Imagine une raison pour laquelle le coffre s'est refermé sur Théo et Suzanne.

[ã] an, am, en, em | [ɛ̃] in, im, ain, ein

J'étudie les sons [ã] et [ɛ̃]

1 Sépare les syllabes de chaque mot par un trait, puis colorie les lettres qui font le son [ã]. Attention aux intrus !

canapé   éléphant   emporter   canard   enfant   vitamine

ampoule   maman   silence   canal   cantine

2 Sépare les syllabes de chaque mot par un trait, puis colorie les lettres qui font le son [ɛ̃]. Attention aux intrus !

tétine   timbre   empreinte   fine   demain   rein

copain   image   jardin   jardiner   impossible

3 Classe les mots dans le tableau.

une ambulance   un train   la main   plein   un gendarme

grimper   embrasser   le vent

[ã]	[ɛ̃]

4 **J'écris**   Trouve le mot qui correspond à la définition.

Le boulanger le cuit tous les jours : le . . . .

C'est le nombre qui suit quatre-vingt-dix-neuf : . . . .

1 a. Écris le titre que tu as inventé pour le texte de la fiche-outil 1.

• . . . .

b. Écris deux titres inventés par tes camarades.

• . . . .

• . . . .

2 Écris le titre du roman.

• . . . .

3 Colorie Suzanne et Théo d'après la première de couverture du roman, puis écris leur nom.

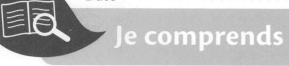

Je comprends

Couverture

1 Réponds aux questions en utilisant ton livre.

a. Qui est l'auteur du livre ?

• ....

b. Écris le nom de l'illustrateur.

• ....

c. Combien ce livre comporte-t-il de pages ?

• ....

d. Combien comporte-t-il de chapitres ?

• ....

2 Colorie la bonne réponse.

Les deux enfants sont : sur un bateau   dans une cave   dans un grenier

Les enfants ont l'air : heureux   malheureux   effrayé

3 Écris ci-dessous, de mémoire, une phrase qui commence par *En sortant de l'école* et qui a été proposée par la classe.

Date . . . .

Je comprends

 1 Entoure les phrases qui correspondent au texte.

- Théo et Suzanne voudraient être aussi petits que des confettis pour avoir plus d'air dans la caisse.

- Théo et Suzanne sont devenus aussi petits que des confettis.

- La voiture s'envole toute seule dans les airs.

- Le chauffeur et le garagiste font décoller la voiture avec un élévateur.

2 Vrai (V) ou faux (F) ? Aide-toi du texte.

☐ Le garagiste et le chauffeur font sortir la caisse du camion.

☐ Le garagiste et le chauffeur mettent la caisse sur un camion.

☐ Le garagiste et le chauffeur mettent la voiture dans une caisse.

☐ Le garagiste et le chauffeur du camion ne se connaissent pas.

3 Complète la phrase à l'aide des mots : *caisse, camion, voiture, coffre.*

Suzanne et Théo sont dans le . . . . de la . . . . ,

qui est dans une . . . . , qui est sur un . . . . , qui roule.

4 Écris trois mots de ton choix auxquels te fait penser le nom *voiture.*

. . . .

Date ....

J'étudie *ian* et *ain* ; *ien* et *ein* ; *ion* et *oin*

1 Entoure le mot qui correspond au dessin.

faim
maire
main

rien
reine
rein

long
loin
lion

bien
pleine
peintre

2 À l'aide des syllabes, écris les mots qui correspondent aux dessins.

| mion | ciens | cein | tu | si | re | mu | ca |

 des ....

 une ....

 un ....

3 Complète les mots avec *ian* ou *ain*.

la v..... de   dem........   en sour....t   un tr........

Complète les mots avec *ien* ou *ein*.

comb........   une empr......te   le gard........   le fr......

Complète les mots avec *ion* ou *oin*.

le tém......   une invent......   un p....t   la rég......

4 **J'écris**   Trouve le mot en *-ion* ou *-ien* qui correspond à la définition.

• Il a deux ailes mais ce n'est pas un oiseau :

un ....

• Il est le meilleur ami de l'homme :

le ....

Je corrige et j'écris sans fautes.
• ....
• ....

J'écris

 À ton avis, que vont faire Théo et Suzanne pour échapper aux bandits ?
Choisis la liste de mots que tu vas utiliser pour imaginer la suite.

crier	frapper	pousser
hurler	avec force	déverrouiller
très fort	bruit	pieds
« au secours »	poings	serrure

 En utilisant la liste de mots que tu as choisie et le TRÉSOR DE MOTS,
écris la suite de l'histoire (page 15).

« Faut qu'on sorte de là sans aide », dit Théo.

Je comprends

1 Numérote dans l'ordre les actions du chapitre (aide-toi de ton livre).

[. . .] Théo attaque la serrure du coffre en se tortillant comme un ver.

[. . .] Théo et Suzanne finissent par sortir de la caisse.

[. . .] Théo finit par ouvrir le coffre.

[. . .] Théo sort son couteau suisse et allume sa mini-lampe.

[. . .] Théo sort du coffre et inspecte l'intérieur de la caisse.

2 Entoure les outils utilisés par Théo pour sortir du coffre (aide-toi de ton livre).

un tire-bouchon – une mini-lampe – une clé – une lame-tournevis

une lame épaisse – un tournevis – un marteau – une pince

3 Écris sous chaque réplique le nom de celui qui parle.

• « J'ai dans mon cartable mon cadeau d'anniversaire. »

→ . . . .

• « Tu vas à l'école avec une arme maintenant ? »

→ . . . .

• « Fais vite parce que tu m'écrases la moitié de la tête. »

→ . . . .

• « On est toujours prisonniers mais dans une caisse en bois. »

→ . . . .

• « On peut sortir à l'air libre ? »

→ . . . .

 1 Complète le tableau suivant (tu peux t'aider de ton livre).

pages	ce que font Suzanne et Théo	le lieu où ils se trouvent
page 21	Ils découvrent qu'ils sont sur un bateau qui vogue dans la nuit.	. . . .
page 22	Ils cherchent à manger et à boire.	. . . .
page	Ils trouvent la cuisine.	La cuisine
page 24	Ils écoutent la radio.	. . . .
page 25	Ils emportent des provisions et la radio.	La cuisine
page 26	. . . .	Derrière une poubelle
pages 27 - 28	. . . .	La caisse en bois

 2 Entoure l'expression qui a le même sens que les mots encadrés.

un cargo

- une grosse caisse en bois

- un bateau qui transporte des marchandises

une coursive

- un couloir sur un bateau

- une armoire sur un bateau

J'étudie le son [g]

 [g]

  g, gu

1 Sépare les syllabes de chaque mot par un trait et colorie les lettres qui font le son [g]. Attention aux intrus !

verglas   fugue   bagage   guerre   gorge   galerie   guide

2 Remets les lettres dans l'ordre pour écrire chaque mot.

e g ê p u

. . . .

e o l n g

. . . .

a u g b e

. . . .

3 Barre l'intrus dans chaque ligne.

- guidon, vague, figue, gorille
- baguette, langue, genou, guenon
- lingot, garçon, conjuguer, cigale

4 Complète avec *g* ou *gu*.

le . . azon   la . . itare   l'escar . . ot

une ba . . ette   les ci . . arettes   un catalo . . e

5 J'écris   Trouve le mot comportant la lettre *g* qui correspond à la définition.

- Il fait partie de la famille des singes :

le . . . .

- Je l'utilise pour décorer le sapin de Noël :

la . . . .

Je corrige et j'écris sans fautes.

- . . . .
- . . . .

Date. . . . .

J'écris

 1 Écris ci-dessous l'appel lancé aux ravisseurs par les camarades de Théo et de Suzanne pour qu'ils les libèrent. Puis illustre ton texte.

Aide-toi des productions affichées et du TRÉSOR DE MOTS.

Je comprends

Chapitres 5 et 6

1 **Barre les phrases qui ne correspondent pas à l'histoire.**

- Théo et Suzanne restent cachés dans leur caisse pendant tout le chapitre 5.

- Dans leur caisse, Théo et Suzanne n'entendent aucun bruit.

- Le cargo va accoster en Afrique.

- Théo propose à Suzanne de plonger dans l'eau grasse du port à leur arrivée.

- Un serpent essaie de se glisser dans la caisse.

2 **a. Recopie la phrase de la page 33 qui montre qu'il y a bien un trésor à bord du bateau.**

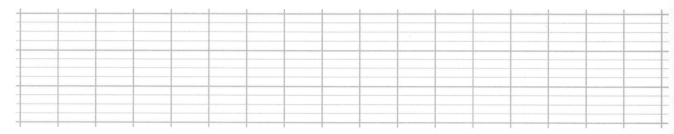

b. On trouve cette illustration page 34 du roman. Théo et Suzanne ont-ils vraiment été poursuivis par un lion et par un serpent ?

☐ oui ☐ non

Date ....

Date . . . .

Je comprends

Début du chapitre 7

 1 a. Qui court après Suzanne et Théo ?

. . . .

b. Qui est accusé par la foule d'être des voleurs ? Coche la bonne réponse.

☐ Les marins. ☐ Suzanne et Théo.

c. Où se réfugient Suzanne et Théo ? Coche la bonne réponse.

☐ Dans le cortège d'un mariage.

☐ Dans un magasin, sous la robe d'un mannequin portant une robe de mariée.

2 Dessine le chemin suivi par Suzanne et Théo à leur arrivée à terre (pages 37 à 39).

[ɲ]

 gn

J'étudie le son [ɲ]

 1 **Entoure le mot si tu entends le son [ɲ].**

la langue   gagner   magnifique   mignon   le peignoir

augmenter   longue   le sanglier   le trognon

2 **Complète les mots à l'aide des syllabes données.**

| gneau | gnant | gnée | gnal | gnoi | gne | gna | gnon |

champi . . . . .   arai . . . . .   cigo . . . . .   si . . . . .

si . . . . . ture   bai . . . . . re   ga . . . . .   a . . . . .

 3 **Barre l'intrus sur chaque ligne.**

- souligner, gagner, panier, grignoter
- mignon, chignon, compagnon, réunion
- aligner, saigner, pâtissier, signer

4 **J'écris** **Trouve le mot contenant le son [ɲ] qui correspond à la définition.**

C'est un pays voisin de la France : l' . . . .

On la cultive pour produire le vin : la . . . .

 5 **J'écris** **Invente une phrase avec ces deux mots : *peigne* et *agneau*.**

- . . . .

Je corrige et j'écris sans fautes.

- . . . .

 Décris l'image ci-dessus et explique ce que font Théo et Suzanne.

Aide-toi de ce qui est écrit au tableau et du TRÉSOR DE MOTS.

Je comprends

1 Entoure la suite de la phrase qui correspond à l'histoire.

demanda à voir la voiture de collection.

Le chef de la police africaine

refusa de voir la voiture de collection.

tous dans la même roue.

Quatre tableaux étaient roulés là,

un dans chaque roue.

deux filles et un garçon.

Sur la toile de Picasso, on voyait

un garçon et une fille.

2 Complète le texte avec le nom de celui ou celle qui parle.

Soudain . . . . hurla : « J'ai trouvé ! La maîtresse nous en a parlé ! »

« Mais un tableau, c'est un carré ou un rectangle », se moqua . . . .

« Que l'on fouille cette voiture », ordonna . . . .

« Il y a encore quatre cachettes que nous n'avons pas explorées », dit . . . .

. . . .

Enfin, ... suggéra : « Et la roue de secours ? ».

3 Comment peut-on cacher un tableau dans un pneu ?
Retrouve à la page 46 la phrase qui le dit.

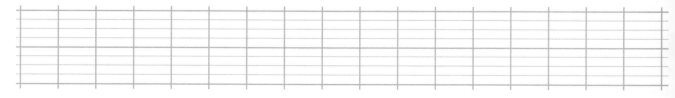

Je comprends

 Remets en ordre ce que fait la police à la fin du chapitre 7 (pages 42 à 47).

Ⓐ Le chef de la police prend son rôle au sérieux et demande à voir la voiture.

Ⓑ Le chef de la police ordonne qu'on fouille la voiture.

Ⓒ Les policiers arrêtent les voleurs.

Ⓓ Les policiers trouvent les tableaux.

Ⓔ Le chef de la police s'apprête à arrêter Théo et Suzanne comme passagers clandestins.

L'ordre des phrases est : . . . .

 Complète la phrase avec les mots *Matisse, les pneus, tableaux, Picasso.*

Suzanne comprend que les bandits ont volé il y a cinq ans des . . . .

de . . . . et de . . . . et qu'ils sont cachés

dans . . . .

3 *En sortant de l'école* **est le titre de deux œuvres différentes.**
Écris les noms de leurs auteurs.

J'étudie le son [k]

 [k]

 c, k, qu, q

1 Entoure la lettre *c* quand tu entends [k].

la cigogne   une classe   un cirque   un croc   un coquelicot

2 Complète les mots à l'aide des syllabes.

| qua | ké | cou | quet | quin |

un bou . . . . *tre*   *une* . . . . . *ronne*   *un manne* . . . . .   *un* . . . . . *pi*

3 Entoure le mot qui convient.

Il n'y a pas de lumière dans le ⟨ gaufre / coffre ⟩ de la voiture.

Théo appuie sur le ⟨ klaxon. / glaçon. ⟩

Les voleurs ont des bottes en ⟨ fuir. / cuir. ⟩

4 Change une lettre pour écrire le mot illustré.

col → . . . .   *tarte* → . . . .

5 J'écris   Invente une phrase avec ces deux mots : *gardien* et *cocotier*.

. . . .

Je corrige et j'écris sans fautes.

. . . .

52

Date . . . .

J'écris

 Recopie ici la suite de l'histoire que tu as choisie.

Dessine ta dernière image du roman.

Je comprends

 Numérote dans l'ordre les différentes étapes du roman (aide-toi du livre).

1 En sortant de l'école, Théo et Suzanne voient une superbe voiture.

.... En sortant de la caisse, Théo et Suzanne découvrent qu'ils sont sur un cargo.

.... Suzanne se souvient que sa maîtresse lui a parlé d'un vol de tableaux.

.... Théo et Suzanne montent dans le coffre de la voiture.

.... Les tableaux sont retrouvés dans les pneus de la voiture.

.... Le cargo accoste sur une côte d'Afrique, Théo et Suzanne s'enfuient.

.... Le coffre se referme sur eux, les faisant prisonniers.

8 Le capitaine et ses hommes sont arrêtés.

2 **Écris ce que Suzanne a trouvé.**

« J'ai trouvé ! La maîtresse nous en a parlé ! J'ai trouvé. »

. . . .

. . . .

. . . .

Je comprends

1 Relie le nom de chaque personnage avec le ou les rôle(s) qu'il a dans le roman.

le chef de la police •

Max •   • victime

le capitaine •

Suzanne •   • coupable

Théo •

Fred •   • enquêteur

les policiers •

2 Vrai (V) ou Faux (F) ?

☐ La police aide Théo et Suzanne à s'enfuir du cargo.

☐ Théo et Suzanne essaient de trouver le secret de la voiture.

☐ Le capitaine a volé des tableaux dans une voiture embarquée sur un cargo.

☐ C'est Suzanne qui trouve le secret de l'énigme.

☐ Les marins du cargo ignoraient la présence de tableaux dans les pneus.

☐ Le chef de la police écoute attentivement ce que lui disent Suzanne et Théo.

3 Barre les mots qui ne correspondent pas à une histoire policière.

victime – prince – sorcière – coupable – enquête

chevalier – voleur – magie – énigme

J'étudie le son [s]

 [s]

👁 **s, ss, c, ç, ti + voyelle**

 1 **Entoure la ou les lettres qui font le son [s].**

la natation   une souris   la façade   la vitesse   une salade

2 **Complète les mots à l'aide des syllabes.**

ceau   cier   çon   sou   ris

une . . . . ris   un pin . . . .   un gar . . . .   un poli . . . . quer

 3 **Entoure le mot qui convient.**

Les enfants n'ont pas fini leur 〈 poison.
poisson.

Ils n'auront pas de 〈 désert.
dessert.

Ton 〈 coussin
cousin 〉 habite Paris.

4 **Change une lettre pour écrire un autre mot.**

frousse → une . . . .   il tousse → de la . . . .

 5 **J'écris** **Invente une phrase avec ces deux mots :** *police* **et** *maîtresse*.

• . . . .

Je corrige et j'écris sans fautes.

• . . . .

Date . . . .

J'écris

1 Invente un autre titre pour le roman que tu viens de lire.

. . . .

2 Écris les titres que tu as choisis pour les chapitres du roman.

Chapitre 1 : . . . .

Chapitre 2 : . . . .

Chapitre 3 : . . . .

Chapitre 4 : . . . .

Chapitre 5 : . . . .

Chapitre 6 : . . . .

Chapitre 7 : . . . .

3 Écris ton avis sur ce roman. L'as-tu aimé, ou non ? Explique pourquoi.

. . . .

. . . .

. . . .

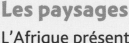

Les paysages

L'Afrique présente des paysages très variés. Au nord, le **Sahara**, grand désert de sable, et les chaînes montagneuses dominent. Au sud du Sahara, on trouve de très **grandes forêts**, et la **savane**, formée d'herbes, d'arbustes et de bosquets de petits arbres. Les **oasis** du désert et les plans d'eau de la savane sont précieux pour la vie des hommes et des animaux.

En Afrique

Avec 53 pays et un milliard d'habitants, l'Afrique est le deuxième plus grand continent derrière l'Asie.

La faune

La vie animale est particulièrement riche. La savane est le règne des grands **herbivores** : éléphants, girafes, hippopotames ou zèbres, et des **fauves**, comme les lions et les hyènes. La forêt abrite les **grands singes**, chimpanzés et gorilles, et de très nombreuses espèces d'oiseaux, de reptiles et d'insectes.

Un chimpanzé

Les villes ▶

En Afrique, la plupart des **grandes villes** se situent au bord de la mer. Les quartiers riches, aux bâtiments modernes, sont séparés des quartiers les plus pauvres.

Un bidonville à Nairobi, la capitale du Kenya

La rue ▶

La rue est un **lieu de commerce** : les vendeurs s'alignent le long des trottoirs pour vendre leurs marchandises. On voit passer toutes sortes de véhicules.

Au Maroc

LE SAVAIS-TU ?

Le guépard est l'animal le plus rapide du monde : il peut courir à plus de 100 km/h !

Le marché

Le marché se tient souvent dans le **quartier ancien de la ville**. Regorgeant de produits alimentaires et artisanaux, il attire une foule très importante, venue vendre, acheter ou bavarder. Les produits alimentaires sont souvent apportés tôt le matin par des **agriculteurs** qui cultivent les terres situées à la périphérie des villes.

L'arbre à palabres

Un grand arbre sert souvent de lieu de réunion aux villageois : ils s'y retrouvent pour bavarder, prendre des décisions ou entendre les histoires du **griot**. C'est l'arbre à palabres.

Un marché au Mali

Pablo Picasso, *Claude dessinant, Françoise et Paloma*
17 mai 1954, huile sur toile, 116 x 89 cm

L'antilope
a longtemps cherché
le puits du soir

Je l'ai vue galoper
à travers la savane
et souvent s'endormir
sans se désaltérer

Aussi
ai-je joué du tam-tam
dans le noir
pour appeler la pluie

Elle n'est jamais venue
et l'antilope court encore
après le puits

Patrick Joquel, *Le Bruit d'un brin de bambou…* © Gros Textes et Patrick Joquel.

Le léopard

Si tu vas dans les bois
Prends garde au léopard.
Il miaule à mi-voix
Et vient de nulle part.

Au soir quand il ronronne
Un gai rossignol chante
Et la forêt béante
Les écoute et s'étonne.

S'étonne qu'en ses bois
Vienne le léopard
Qui ronronne à mi-voix
Et vient de nulle part.

Robert Desnos, *Chantefables et Chantefleurs*, Gründ.

Crépuscule

Mes villages ont peur de l'ombre
Mais l'ombre les prévient
Avant de les habiller de nuit

Une mère avive le tison pâle
Un enfant ramène les chèvres
Un père bénit le soir hésitant
Et l'ombre mord un pan du village
Si doucement que la peur s'estompe

Bonne nuit villages d'Afrique.

Malik Fall, *Poèmes d'Afrique pour les enfants*, Le Cherche-Midi éditeur.

61

Je comprends

Cahier, pp. 58-59

1 Écris le nom d'un autre continent que l'Afrique.

. . . .

2 Relie ce qui va ensemble.

le guépard •   • un quartier

l'arbre à palabres •   • des produits alimentaires

le gorille •   • un fauve

le marché •   • un singe

la ville •   • un lieu de réunion

3 Écris une légende sous chaque image pour indiquer ce qu'elle représente.

Date . . . .

J'observe un tableau

Cahier, p. 60

1 **Complète les phrases.**

Le garçon qui dessine sur le tableau est le fils de . . . . ,

il s'appelle . . . . La petite fille s'appelle . . . .

La femme du tableau est la mère des enfants, elle s'appelle . . . .

2 **À la manière de Picasso, représente ta famille. Donne un titre à ton tableau et décris-le en une phrase.**

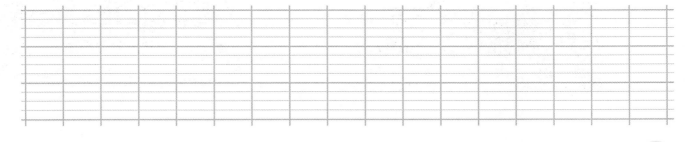

1 Coche le résumé qui correspond à l'histoire.

☐ Mémed et Chédoulla sont deux frères. Ils vendent des animaux au bazar de Kirovabad. Ils se font voler leur troupeau par la bande des 40 menteurs.

☐ Chédoulla, le grand frère de Mémed, veut faire fortune. Il essaie de vendre son bœuf au bazar de Kirovabad. Mais les 40 menteurs réussissent à le tromper.

☐ Chédoulla, chaque semaine, vend un bœuf au marché. Il lui enveloppe la queue avec un ruban et lui teint les cornes en rouge pour le vendre un bon prix.

2 Numérote dans l'ordre de l'histoire les différentes phrases des menteurs.

☐ « Qui voudrait acheter un bœuf avec des cornes aussi blanches ? »

☐ « Ton bœuf ne vaut pas plus de 5 dinars à présent. »

☐ « Qui voudrait acheter un bœuf avec une queue aussi longue ? »

☐ « Est-il à vendre ce bouc ? »

☐ « Si j'étais toi, je lui envelopperais la queue dans un bout de tissu pour la cacher. »

3 Dans l'histoire, trouve le mot qui est placé juste avant chaque mot donné.

fortune (p. 3) : . . . .   de brigands (p. 4) : . . . .

verte (p. 9) : . . . .   heureux (p. 14) : . . . .

Je comprends

Retrouve dans l'album la phrase qui correspond à l'illustration et recopie-la sans fautes.

. . . .

. . . .

. . . .

. . . .

. . . .

Relie ce qui va ensemble.

du henné •   • de la teinture

le bazar •   • de la monnaie

un dinar •   • le marché

Dessine le bazar de Kirovabad.

J'étudie l'accent sur le *e*

[e] / é   [ɛ] / è, ê

1 Place les mots au bon endroit dans le tableau.

une mère   Chédoulla   Mémed   derrière   la fête   la tête

[e] / é	[ɛ]	
	è	ê

2 Utilise les syllabes pour écrire les mots dessinés.

sée   ne   pe   guê   pho   fu   lé   té

. . . .

3 Trouve le mot qui correspond à la définition.

- Elle sert à tracer des traits droits : la . . . .

- Elle fait de la magie avec sa baguette : la . . . .

4 Complète avec é ou è.

la t . . l . . vision   ton fr . . re   le m . . tro   un li . . vre

5 **J'écris**   Continue la phrase en utilisant des mots contenant é, è ou ê.

Je rêve que . . . .

Je corrige et j'écris sans fautes.

- . . . .

J'écris

**Choisis deux mots venus d'Orient et invente-leur des définitions imaginaires.
Puis illustre-les.**

Aide-toi de ce qui est écrit au tableau et de ton TRÉSOR DE MOTS.

J'écris

1 **Lis le résumé de l'histoire et invente la vengeance de Mémed.**
Puis illustre ton texte.

Tu peux t'aider de ce qui est écrit au tableau et de ton TRÉSOR DE MOTS.

Mémed écoute son grand frère Chédoulla raconter comment il a été trompé par les 40 menteurs. Il décide de se venger.

Le lendemain, il se rend au grand bazar de Kirovabad.

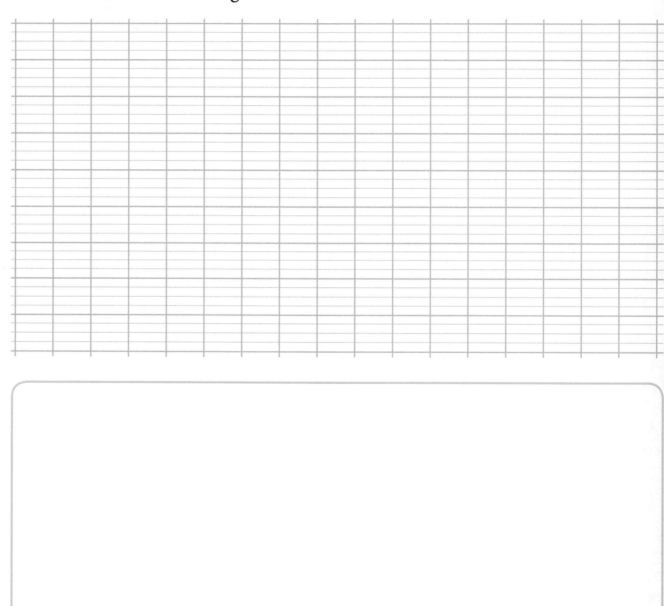

1 Numérote les différentes étapes dans l'ordre de l'histoire.

1 Mémed part au bazar avec son âne.

... Les menteurs disent que personne ne voudra acheter l'âne de Mémed.

... Avant d'entrer en ville, Mémed cache des pièces d'or sous la queue de l'âne.

... Mémed trouve une pièce d'or sous la queue de l'âne.

... Mémed ne veut plus vendre son âne.

... Les menteurs achètent l'âne 1000 dinars.

7 L'âne se sauve.

2 Qui le dit ? Relie chaque bulle au bon personnage.

Cet âne est un trésor, c'est mon trésor.

Je suis venu ici pour vendre mon âne.

Tu es bien jeune pour venir seul au grand bazar.

Allons ! Cette bête n'est pas un âne !

Je l'aime trop mon âne.

 un menteur

 Mémed

 les 40 menteurs

Date ....

J'étudie les sons [e] et [ɛ]

[e] er, ez, es / [ɛ] ai, ei, et

1 Place les mots dans le tableau.

vrai   venger   peine   savez   les   poulet

[e]	[ɛ]

2 Coche la syllabe où tu entends le son [e].

poupée   boulanger   général   assez   oreiller   demander

3 Coche la syllabe où tu entends le son [ɛ].

raisin   lèvre   reine   navet   bête   baignoire

4 Barre l'intrus sur chaque ligne.

- nez, aimez, marché, sautez
- mais, paire, dromadaire, reine
- bête, crêpe, père, arête
- objet, lacet, chèvre, secret

5 J'écris Continue la phrase en utilisant des mots comprenant les sons [e] et [ɛ].

À l'école, j'aime ....

Je corrige et j'écris sans fautes.

- ....

70

Je comprends

Pages 2 à 21

1 Raconte une des bêtises que fait Chédoulla.

. . . .

. . . .

2 Retrouve deux phrases dans ton album qui disent que Chédoulla est le plus grand et Mémed le plus petit et recopie-les.

. . . .

. . . .

. . . .

3 Relie les personnages aux adjectifs qui conviennent.

4 Dessine Mémed et Chédoulla côte à côte.

Mémed •

• jeune

• grand

• malin

• aîné

Chédoulla •

• petit

 Relie ce qui va ensemble.

Le bœuf •   • 2 000 dinars

Le lièvre •   • 5 dinars

L'âne •   • 1 000 dinars

2 **Indique si ces affirmations sont vraies (V) ou fausses (F).**

☐ Les deux lièvres de Mémed sont identiques.

☐ Mémed attache les deux lièvres devant la porte de sa maison.

☐ L'histoire dit que Mémed n'est pas malin.

☐ La mère de Mémed fait cuire du lièvre pour ses invités.

☐ La mère de Mémed a invité les 40 menteurs à un grand festin.

☐ Quand les 40 menteurs arrivent à la maison du chef,
le lièvre est attaché devant la porte.

3 **Mémed dit aux menteurs qu'il ne veut pas vendre son lièvre.**
Quelle raison donne-t-il ?

. . . .

. . . .

4 **Retrouve ce que dit le chef des menteurs au lièvre et recopie-le.**

. . . .

. . . .

Je comprends

Pages 30 à 41

 Numérote les illustrations dans l'ordre de l'histoire (de 1 à 6).

 Recopie la phrase qui montre que la mère de Mémed semble morte.

. . . .

. . . .

 Recopie la phrase qui montre que la mère de Mémed est vivante.

. . . .

. . . .

 Lis ces phrases. Si ce n'est pas vrai, écris « menteur ».

● Mémed tue souvent sa mère quand il est en colère.

→ . . . .

● Les menteurs sont contents car Mémed a tué sa mère.

→ . . . .

J'étudie -ill, -ail, -eil, -euil

 ill, ail, eil, euil

 1 **Colorie de la même couleur les mots qui se terminent par le même son.**

une abeille   la chenille   il travaille   une bille   un détail   un orteil

tu surveilles   le réveil   un rail   la famille   la groseille

une paille   le portail   une médaille   le sommeil

2 **Complète avec** ail, aille, eil, eille, ou euil.

le sol . . . . .   le trav . . . . .   un faut . . . . .   la bout . . . . .   une trouv . . . . .

3 **Trouve le mot qui correspond à la définition.**

- Mémed est un garçon, Nayla est une . . . .

- Il est roux avec une longue queue en panache : l' . . . .

- Elle nous sert à écouter : l' . . . .

- C'est un petit panier en osier : une . . . .

 4 **J'écris** **Continue la phrase en utilisant des mots en** *ill*, *ail*, *eil*, *euil*.

Pendant la récréation, ...

> **Je corrige et j'écris sans fautes.**
>
> - . . . .

J'écris

Pages 30 à 41

 Raconte un moment où tu as été très en colère. Puis illustre ton texte.

Aide-toi de ce qui est écrit au tableau et de ton TRÉSOR DE MOTS.

Un jour,

Je comprends

Complète les phrases.

Mémed se couche dans un trou recouvert de terre pour . . . .

. . . .

. . . .

Les 40 menteurs s'enfuient très vite parce que . . . .

. . . .

. . . .

Entoure les propositions qui correspondent à l'histoire.

Comment fait Mémed pour respirer sous la terre ?
- Il retient son souffle.
- Il utilise un roseau.
- Il a un tuyau.

Qui parle réellement de dessous la terre ?
- L'esprit en colère de Mémed.
- Mémed.
- Le fantôme de Mémed.

Entoure la bonne réponse.

- La ville où se déroule l'histoire s'appelle Gandja.
- La ville où se déroule l'histoire s'appelait Kirovabad.
- La ville où se déroule l'histoire s'appelait Gandja.

Date . . . .

J'écris

Pages 42 à 46

Donne ton avis sur la scène jouée par tes camarades.

Explique ce qui t'a plu ou ce qui ne t'a pas plu.

Aide-toi de ce qui est écrit au tableau et de ton TRÉSOR DE MOTS.

La scène jouée par . . . .

était . . . .

❶

❷

Date . . . .

J'étudie la lettre *e* devant une consonne

1 Place les mots au bon endroit dans le tableau.

le sel   relever   la vitesse   escargot   retour   le chemin

👁 e	
👂 [ə]	👂 [ɛ]

2 Utilise les syllabes pour écrire les mots dessinés.

ette   rette   brou   cesse   que   prin   pâ

. . . .

3 Utilise une syllabe de chaque mot pour écrire un nouveau mot.

brouter – mouette   violon – toilette   maman – tourelle   tromper – tapette

. . . .

4 Complète par *ette, elle* ou *esse*.

la bicycl. . . .   une éch. . . .   une hirond. . . .   une car. . . .

5 J'écris Continue la phrase en utilisant des mots en *-esse, -ette, -elle*.

Je déteste quand la maîtresse . . . .

> **Je corrige et j'écris sans fautes.**
>
> • . . . .

78

Je comprends

1 Complète ce résumé de la fin de l'album avec les mots donnés.

| Pendant que | Lorsque | Depuis toujours | Quand | aujourd'hui |

Mémed dit à sa mère :

— .... les menteurs viendront pour me tuer, dis-leur

que je suis mort. .... Mémed parle ainsi, il creuse un trou

dans la terre. .... les menteurs se retrouvent devant

la tombe de Mémed, ils se mettent en colère. Mais une voix leur dit :

— .... vous volez les habitants de Kirovabad, mais à partir

d' ...., tout va changer.

2 Numérote les différentes étapes dans l'ordre de l'histoire en t'aidant de ton livre.

1 Chédoulla part vendre son bœuf au marché de Kirovabad.
Il est trompé par les menteurs.

... Lorsque les menteurs s'aperçoivent que l'âne ne donne pas de pièces d'or,
ils partent à la recherche de Mémed.

... Mémed fait croire qu'il a un lièvre magique. Il le vend aux menteurs
pour 2 000 dinars.

... Le lendemain, Mémed part vendre son âne. Il trompe les menteurs
et le vend 1 000 dinars.

... Mais le lièvre s'enfuit. Les menteurs repartent chez Mémed.

6 Mémed a préparé une nouvelle ruse avec une paille magique.

1 Retrouve et recopie trois phrases où le conteur s'adresse aux lecteurs.

. . . .

. . . .

. . . .

. . . .

. . . .

. . . .

. . . .

2 Écris ce que voulait faire Mémed au début de l'histoire.

. . . .

. . . .

. . . .

. . . .

A-t-il réussi ? Qu'a-t-il fait aux voleurs ?

. . . .

. . . .

. . . .

Je comprends

1 **Relève dans le texte une phrase qui montre que Kashim est égoïste.**

. . . .

. . . .

Relève dans le texte une phrase qui montre qu'Ali Baba est généreux.

. . . .

. . . .

2 **Donne quatre noms de céréales présentes dans l'histoire d'*Ali Baba*.**

- . . . .   - . . . .

- . . . .   - . . . .

3 **Réponds aux questions.**

Où se trouve la grotte des 40 voleurs ?

. . . .

Que fait Kashim une fois entré dans la caverne ?

. . . .

Pourquoi Kashim ne peut-il plus sortir de la grotte ?

. . . .

Dans quel but le chef des voleurs laisse-t-il le cadavre de Kashim à l'entrée de la grotte ?

. . . .

Date ....

J'étudie les syllabes inversées

ac, al, ar, il, ir, oc, or...

 1 Recopie chaque mot en séparant les syllabes puis colorie la syllabe inversée.

foulard   dinar   fortune   astre   futur   marchand

....

 2 Complète par *il, ir, ec ou os*.

sort....   un c....tume   le b....   le f....

la p....te   une inf....mière   f....mer

 3 Trouve le mot qui correspond à la définition.

- C'est la personne qui distribue ton courrier : le ....

- Lorsque tu comptes de 5 en 5, de 10 en 10, tu en fais : du ....

- Il te soigne lorsque tu as la grippe : le ....

- On le lit pour avoir les informations du jour : le ....

- Tu les fronces lorsque tu es en colère : les ....

 4 **J'écris** Continue la phrase en utilisant des mots contenant des syllabes inversées.

Dans le journal, on voit ....

Je corrige et j'écris sans fautes.

- ....

82

Date . . . .

 **J'écris**

Intégralité de l'album

1 Invente ton propre coffre au trésor en suivant le modèle donné.
Aide-toi de ce qui est écrit au tableau.

> Quand j'ai chaussé les bottes
> Qui devaient m'amener dans ma caverne d'Ali Baba
> J'ai mis dans ma poche
>
>
> Mais le plus important dans mon coffre au trésor,
> c'était

2 Illustre ton texte.

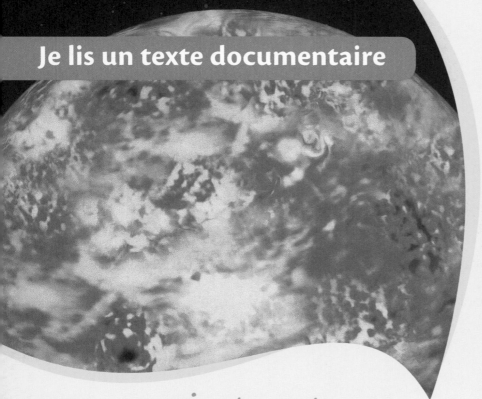

LE SAVAIS-TU ?
La distance de la Terre jusqu'au Soleil est de 150 millions de kilomètres, et sa lumière met 8 minutes et 20 secondes pour parvenir jusqu'à nous.

Le Soleil
Voyage au cœur d'une étoile

Sans le Soleil, il n'y aurait pas de vie sur la Terre.
Non seulement il nous éclaire et nous réchauffe,
mais il est indispensable au développement des plantes
et des animaux. **Que savons-nous réellement de lui ?**

Les planètes ont le tournis

Dans la Galaxie, le Soleil est entouré
de **huit planètes** qui tournent autour
de lui. Ensemble, ils forment notre
système solaire.

Une sphère géante

Le Soleil est une
gigantesque **étoile**,
de 1 392 000 km de diamètre,
soit 110 fois la taille de la Terre !
Au cœur du Soleil, il fait incroyablement
chaud, presque **15 millions de degrés**.

Naissance et mort d'une étoile

Le Soleil est né il y a **4,5 milliards d'années**.
Il n'est qu'à la moitié de sa vie. Dans 5 milliards
d'années, il deviendra 10 000 fois plus gros
que la Terre. Puis il explosera et finira
par s'éteindre.

Qu'est-ce qu'une éclipse ▶ de Soleil ?

Une éclipse se produit
lorsque **la Lune passe
entre le Soleil et la Terre**.
Elle cache alors le Soleil,
et on a l'impression qu'il
fait nuit en plein jour.
La dernière éclipse totale
de Soleil visible en France
a eu lieu le **11 août 1999**.

Petit conseil

Pendant une éclipse, ne regarde
jamais le Soleil à l'œil nu, car
tu pourrais t'abîmer gravement
les yeux ! Il faut mettre des
lunettes spéciales, qui filtrent
les rayons solaires.

SOLEIL

 MERCURE

 VÉNUS

 LA TERRE

MARS

JUPITER

SATURNE

 URANUS

 NEPTUNE

---

21 mars

21 juin
Été dans
l'hémisphère
Nord

Soleil

23 septembre

22 décembre
Hiver dans
l'hémisphère
Nord

◀ La ronde des saisons

La Terre **tourne autour du Soleil** mais aussi
sur elle-même. Elle est légèrement **inclinée
sur son axe : de mars à septembre**, c'est
le haut de la planète (l'hémisphère Nord)
qui est dirigé vers le Soleil : en France,
c'est le printemps puis l'été ; au contraire,
de septembre à mars, c'est l'hémisphère
Sud qui profite du Soleil et pour nous,
c'est l'hiver !

LE DESSERT MENTEUR

Pour 4 personnes

<u>Ingrédients</u>

- 8 petits suisses
- 4 cuillerées à soupe de sucre
- 1 boîte d'abricots au sirop
- 1 petit pot de crème fraîche
- De la vanille en poudre et liquide

Préparation

1 Verse les petits suisses dans un saladier. Ajoute le sucre, la crème fraîche et une cuillerée à café de vanille liquide. Mélange le tout fermement.

2 Dépose deux grandes cuillerées de ce mélange dans des petits plats. Lisse bien la surface avec une cuillère. Puis, sur chaque préparation, dépose deux demi-abricots.

3 Saupoudre de vanille chaque moitié d'abricot. C'est prêt ! Fais croire à tes amis que tu as préparé des œufs au plat pour le dessert !

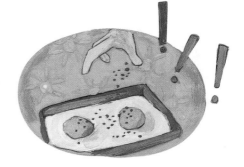

Les mensonges

Ah j'ai vu, j'ai vu
Compère qu'as-tu vu ?
J'ai vu une vache
Qui dansait sur la glace
À la Saint-Jean d'été
Compère vous mentez

Ah j'ai vu, j'ai vu
Compère qu'as-tu vu ?
J'ai vu une grenouille
Qui faisait la patrouille
Le sabre au côté
Compère vous mentez

Ah j'ai vu, j'ai vu
Compère qu'as-tu vu ?
Ah j'ai vu un loup
Qui vendait des choux
Sur la place labourée
Compère vous mentez

Ah j'ai vu, j'ai vu
Compère qu'as-tu vu ?
J'ai vu une anguille
Qui coiffait sa fille
Pour aller se marier
Compère vous mentez

Auteur anonyme du 18e siècle.

Je comprends

1 Explique pourquoi le Soleil est nécessaire à la vie sur la Terre ?

. . . .

. . . .

2 Numérote les planètes de la plus proche à la plus éloignée du Soleil.

Vénus	Uranus	La Terre	Mars	Neptune	Jupiter	Mercure	Saturne
. . .	. . .	. . .	. . .	. . .	. . .	. . .	. . .

3 Coche les phrases correctes.

Lors d'une éclipse de Soleil…
- [ ] la Lune cache le Soleil.
- [ ] le Soleil cache la Lune.
- [ ] Il fait jour en pleine nuit.

Le Soleil est…
- [ ] une planète.
- [ ] une étoile.

- [ ] Les planètes tournent autour du Soleil.
- [ ] Le Soleil tourne autour des planètes.

4 Complète le texte.

Sans le Soleil il n'y aurait pas de . . . . sur la Terre.

Le Soleil nous . . . . et nous . . . .

Dans la Galaxie le . . . . est entouré de huit . . . .

qui tournent autour de lui. La Terre est l'une de ces planètes.

Ensemble ils forment notre système . . . .

J'écris

 Numérote dans l'ordre les étapes de fabrication du « dessert menteur ».

.... Saupoudre de vanille chaque moitié d'abricot.

.... Mets les petits suisses dans un saladier.

.... Mélange les petits suisses, le sucre, la crème fraîche
et la cuillerée à café de vanille dans le saladier.

.... Dépose deux demi-abricots sur chaque plat.

.... Ajoute dans le saladier le sucre, la crème fraîche
et une cuillerée à café de vanille.

.... Dépose le mélange obtenu dans de petits plats.

2 À ton tour d'inventer une menterie.

Aide-toi de ce qui est écrit au tableau et de ton TRÉSOR DE MOTS.

Ce matin

Date . . . .

Je comprends

1 Écris au bon endroit le titre du roman, le nom de l'auteur, de l'illustrateur, de l'éditeur.

2 Décris en quelques phrases l'illustration de la couverture.

Je comprends

Quatrième de couverture

1 **Vrai (V) ou Faux (F) ?**

☐ Irella déteste son immeuble en ruines.

☐ La mère d'Irella sort souvent le jour, jamais la nuit.

☐ Irella ne veut pas que sa mère sorte sans elle.

☐ Quand sa mère sort, Irella pleure.

2 **Recopie les expressions utilisées dans le texte pour décrire l'immeuble qu'habite Irella.**

. . . .

. . . .

3 **Entoure le résumé qui te semble juste.**

a. La mère d'Irella sort souvent le soir. Alors Irella a très peur et crie pour chasser les rats qui viennent lui manger les pieds.

b. La mère d'Irella sort souvent le soir. Pourtant Irella n'a pas peur et elle adore que les rats viennent lui rendre visite.

4 **Barre dans la liste de mots ceux qui ne conviennent pas.**

Irella n'a pas peur ⟶ des souris – des rats – de la nuit – du jour.

Je comprends

1 **Complète avec les mots du texte.**

Il arrive que la nuit soit noire comme . . . .

L'immeuble d'Irella ressemble à un . . . .

Quand sa mère s'inquiète pour elle, Irella . . . . les épaules.

2 **Que fait Irella quand elle reste seule la nuit ?**

3 **Qui suis-je ?**

Je suis venu un jour mordiller Irella sous son drap : . . . .

Je m'engouffre dans le couloir : . . . .

4 **Selon toi, qu'a-t-il pu arriver « ce vendredi où... » ? Réponds en une phrase.**

Ce vendredi-là, Irella a eu une sacrée surprise.

J'écris

1 **Décris un lieu ou un objet que tu aimes, à la manière d'Irella, puis illustre ton texte.**
Aide-toi de ton TRÉSOR DE MOTS.

2 **Donne un titre au poème écrit par la classe.**

. . . .

3 **Écris ci-dessous la strophe que tu as préférée.**

Je comprends

1 **Retrouve les expressions qui décrivent la maman d'Irella.**

Ses yeux ⟶ . . . .

Son visage ⟶ . . . .

Ses ongles ⟶ . . . .

2 **Entoure les expressions qui correspondent à Vamp.**

cheveux roux – tête de malade – joues bien rouges – grosses chaussettes

cheveux raides – cheveux sales – nez pointu – bouche rouge

grands pieds – deux dents – un seul œil.

3 **Pourquoi Irella se compare-t-elle à une araignée ? Entoure la bonne réponse.**

a. Parce qu'elle vit la nuit au fond d'un grenier.

b. Parce qu'elle sait bondir par-dessus la rampe d'escalier
et faire de l'escalade sur le mur.

4 **Trouve un adjectif pour qualifier le caractère d'Irella et écris-le.**

. . . .

1 À quel moment Irella lit-elle le journal ? Coche la bonne réponse.

☐ C'est le vendredi 31 et c'est la nuit.

☐ C'est le vendredi 13 et c'est le jour.

☐ C'est le vendredi 13 et c'est la nuit.

2 a. Barre les informations qui ne sont pas dans le journal.

| Un astéroïde va peut-être s'écraser sur la Terre | Des rats sont sortis de terre | Un incendie se déclare en ville |

| Une soucoupe volante survole la ville | Trois chats tués le même jour dans la même rue |

b. Ajoute celle qui n'est pas écrite ci-dessus et qui se trouve dans le journal.

• . . . .

3 Qui parle : *Irella*, *Vamp* ou *un journaliste* ?
Écris le bon nom sous la bulle.

Bof ! Ce n'est rien !

On l'a vu rôder la nuit dernière dans le quartier des Trois-Soifs.

. . . .

Tais-toi !

Les Trois-Soifs, mais… c'est par ici !

Je comprends

1 **Complète ce résumé des trois premiers chapitres.**

Une petite fille et sa . . . . restent seules la nuit

tout en haut d'un . . . . balancé par le . . . .

Irella lit dans le . . . . qu'une

étrange rôde dans les parages. Vamp a très . . . .

mais Irella reste . . . .

2 **De qui s'agit-il ? Complète avec _Vamp_ ou _Irella_.**

. . . . est morte de peur.

. . . . lit les articles du journal.

. . . . se cache sous la table.

. . . . hoquette de rire.

. . . . dresse l'oreille.

3 **Colorie les titres qui correspondent le mieux au chapitre 3.**

La créature étrange	Le cerf-volant
L'ombre du monstre	Des nouvelles inquiétantes

J'écris

1 **Et toi, as-tu déjà eu très peur ? Raconte ce qui s'est passé et donne un titre à ton texte.** Aide-toi de ton TRÉSOR DE MOTS.

2 **Illustre ton texte.**

Je comprends

Chapitre 4

1 **Numérote dans l'ordre ces événements du chapitre 4.**

[. . .] Irella et Vamp se blottissent l'une contre l'autre sur le lit.

[. . .] Irella chantonne « Promenons-nous dans les bois… ».

[. . .] Tout à coup, la porte d'entrée fait « Criiiiii».

[. . .] La maman d'Irella repart.

[. . .] Irella n'écoute pas sa maman et monte dans sa chambre.

2 **Que dit la maman d'Irella, et que lui répond sa fille ?**

La maman : – . . . .

. . . .

Irella : – . . . .

. . . .

1 Imagine puis écris la suite de l'histoire. Aide-toi des illustrations et de ton TRÉSOR DE MOTS.

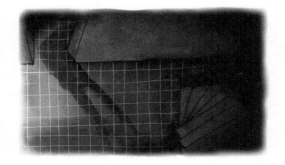

Je comprends

1 Barre dans chaque phrase le mot qui ne correspond pas à l'histoire, puis écris en dessous celui qui convient.

● On se met à discuter à voix haute, assises dans l'escalier du haut.

. . . .

● Soixante marches biscornues, je les compte.

. . . .

● Plus je monte, plus je braille.

. . . .

● Une grosse masse claire se faufile dans le couloir.

. . . .

2 Relie les morceaux de phrases deux par deux selon le sens de l'histoire.

Irella crie ●   ● pour se cacher sous les draps.

Irella s'assied dans l'escalier ●   ● pour vérifier si la porte est fermée.

Irella et Vamp font demi-tour ●   ● pour écouter les bruits.

Irella descend les marches ●   ● pour faire fuir les loups.

3 Écris dans la bulle la chanson d'Irella.

Date . . . .

J'écris

Chapitre 5

1 **Écris une phrase avec :**

- le mot *nocturne* : . . . .

. . . .

- le mot *obscurité* : . . . .

. . . .

2 **À partir de cette illustration, invente une histoire courte qui se déroule la nuit. Utilise au moins deux mots de la liste.**

nuit – obscurité – ombres – silence – noir – sombre

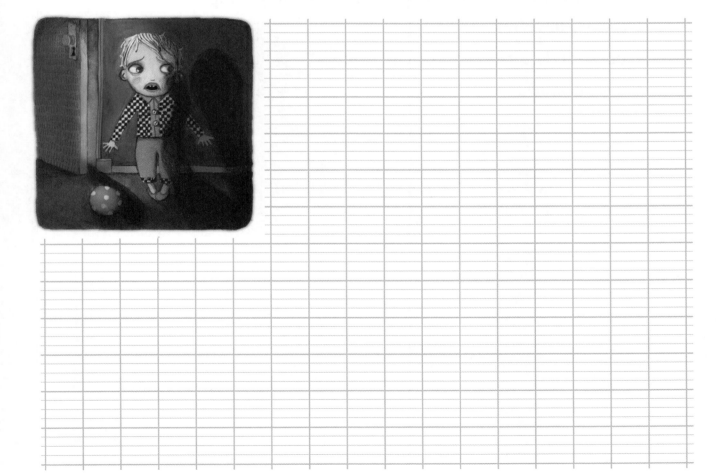

1 **Numérote dans l'ordre les événements du chapitre (aide-toi de ton livre).**

(. . .) J'entends des *frrt frrt* rôder au rez-de-chaussée.

(. . .) En bas, dans la ruelle, une créature immobile dresse les oreilles.

(. . .) Un bruit d'ailes géantes envahit la cage de l'escalier.

(. . .) L'ombre du gros patapouf vole, se détachant sur le clair de lune.

(. . .) L'animal s'approche et lève la tête.

2 **Barre les propositions qui sont fausses.**

Quand Irella voit le monstre par la fenêtre, elle distingue :

- des oreilles pointues
- une grande corne au milieu du front
- quatre pattes
- deux immenses ailes noires
- une longue queue velue
- deux pattes griffues

3 **Dessine le loup volant comme tu l'imagines, en t'aidant des réponses à l'exercice 2.**

Je comprends

1 **Complète les phrases en utilisant le texte du chapitre.**

(page 33) Irella voit . . . .

(page 34) Elle voit . . . . ,

puis . . . .

(page 36) Elle entend . . . .

(page 38) Irella ne voit et n'entend plus rien.

(page 39) Elle voit . . . .

et entend . . . .

2 **Complète ce que dit Irella à l'aide de ton livre.**

Je deviens plus raide qu'un . . . .

J'adore les bons gros . . . .

Il est sourd comme un . . . .

Il est bête comme un . . . .

3 **À l'aide du livre, recopie dans l'ordre du chapitre les mots qui désignent le monstre.**

l'animal – mon loup volant – une créature immobile – notre drôle de loup
ce crétin de loup – « on » – un loup – un chien – le gros patapouf – le loup

. . . .

. . . .

. . . .

J'écris

Page 40

1 **Continue la phrase pour dire ce que voit Irella.** Aide-toi de l'illustration et de ton TRÉSOR DE MOTS.

Je m'appuie à la rampe pour regarder en bas. Et tout à coup,

1 **Vrai (V) ou Faux (F) ?**

☐ La maman d'Irella est une sorcière.

☐ C'est l'anniversaire d'Irella.

☐ Le papa d'Irella s'appelle Dracula.

☐ Le vrai nom d'Irella est miss Intrépida.

☐ Le loup volant était en réalité la maman d'Irella.

2 **Désormais, Irella pourra se transformer en un animal. Lequel ?**

Irella pourra se transformer en . . . .

3 **Retrouve ce que disent Irella et Vamp à ce moment de l'histoire.**

Je comprends

Chapitre 8

1 **Complète le texte.**

La maman d'Irella est une . . . . Elle a mis Irella à l'épreuve

pour ses . . . . ans. Irella est . . . . d'avoir réussi

l'épreuve. Désormais Irella s'appellera . . . .

2 **Qui a prononcé chacune de ces phrases ? Irella ou sa maman ?**
Relie chaque personnage à ses répliques.

• Tu as prouvé ton sang-froid.

• On te donnera ton vrai prénom : *Vampirella*.

• Cette histoire de loup volant, tu l'as inventée ?

3 **Coche la bonne réponse.**

Pour devenir un vrai vampire, il faut :

☐ **a.** gonfler ses biceps en jubilant.

☐ **b.** attirer son ennemi.

☐ **c.** être la fille de Dracula.

Les humains sont bêtes parce qu'ils…

☐ **a.** n'ont pas cru à cette histoire de loup volant.

☐ **b.** ont cru à cette histoire de loup volant.

☐ **c.** ont inventé l'histoire du loup volant.

Je comprends

Intégralité du roman

1 Retrouve dans ton livre trois indices qui pouvaient faire penser qu'Irella et sa maman sont des vampires.

① . . . .

② . . . .

③ . . . .

2 **a. De qui les humains représentés sur cette image ont-ils peur ?**

. . . .

. . . .

. . . .

b. Comment réagissent-ils ?

. . . .

. . . .

. . . .

3 **Propose un autre titre pour le roman.**

. . . .

Je comprends

Intégralité du roman

1 **Barre les mots qui n'ont pas de rapport avec l'histoire.**

nuit – escalier – cheminée – voiture – poupée – jardin

épreuve – Noël – vacances – anniversaire

2 **Écris une phrase en rapport avec l'histoire pour chacun des mots encadrés.**

dents . . . .

. . . .

ailes . . . .

. . . .

épreuve . . . .

. . . .

3 **Pourquoi la maman d'Irella part-elle au début de l'histoire ? Va-t-elle vraiment voir des amis ? (chapitre 2)**

. . . .

Que fait-elle pendant toute l'histoire ? (chapitres 3 à 7)

. . . .

Qu'annonce-t-elle à Irella à la fin ? (chapitre 8)

. . . .

1 Écris un texte de quatrième de couverture pour le roman.

Aide-toi de ton TRÉSOR DE MOTS.

LE SAVAIS-TU ?

Il existe plus de 1000 espèces de chauves-souris !

La chauve-souris

Souris volante ou drôle d'oiseau ?

En été, quand la nuit tombe sur le jardin, tu peux apercevoir de petites formes ailées qui voltigent autour de toi. Ce sont des chauves-souris, les seuls mammifères volants de toute la planète.

La tête à l'envers

La plupart des chauves-souris vivent la nuit ; elles se nourrissent de fruits, d'insectes ou de petits rongeurs. Dans la journée, elles dorment suspendues par les pattes, la tête en bas.

Navigation au radar

Certaines chauves-souris émettent des ultrasons que l'oreille humaine ne peut pas entendre. Cela leur permet de repérer leurs proies dans le noir et d'éviter tous les obstacles.

À table !
Les chauves-souris mangeuses de fruits ont un odorat très développé.

MMH MIAM

La sieste suspendue

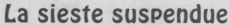

Le jour, les chauves-souris se reposent dans **la fraîcheur des grottes**. Une seule grotte peut abriter des milliers de chauves-souris !

Les chauves-souris vampires : une réputation à défendre !

Les chauves-souris vampires portent bien leur nom, car elles **se nourrissent de sang**. On les rencontre au Mexique et en Argentine. Mais rassure-toi, le vampire ne mesure que 9 cm de long et il ne s'attaque qu'au bétail !

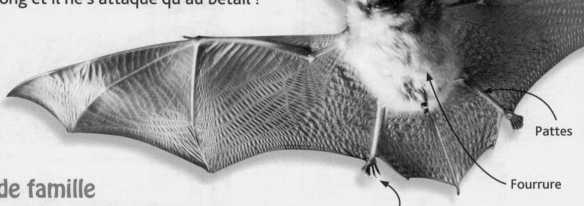

Membranes élastiques

Pattes

Fourrure

Pouces griffus

Portraits de famille

La forme de la tête des chauves-souris correspond souvent à leur façon de se nourrir. Certaines ont de **grandes oreilles** pour entendre le vol des insectes (1), d'autres un **museau pointu** pour dénicher le pollen (2), et certaines ont même un **nez bizarre** qui leur sert de klaxon (3) ! ▶

1. L'OREILLARD

2. LE PETIT MURIN

3. LE RENARD-VOLANT MARTEAU

J'AURAIS PAS DÛ RENTRER SI TARD...

Petit Vampire veut aller à l'école. Sa maman Pandora se demande pourquoi.

Petit Vampire va à l'école, de Joann Sfar, p. 5 © 1999 éditions Guy Delcourt - Sfar

Conseils donnés par une sorcière

À voix basse, avec un air épouvanté, à l'oreille du lecteur

Retenez-vous de rire
Dans le petit matin !

N'écoutez pas les arbres
Qui gardent les chemins !

Ne dites votre nom
À la terre endormie
Qu'après minuit sonné !

À la neige, à la pluie,
Ne tendez pas la main !

N'ouvrez votre fenêtre
Qu'aux petites planètes
Que vous connaissez bien !

Confidence pour confidence :
Vous qui venez me consulter,
Méfiance méfiance !
On ne sait pas ce qui peut arriver.

Jean Tardieu, *Monsieur Monsieur*, Gallimard.

La chauve-souris

À mi-carême, en carnaval,
On met un masque de velours.
Où va le masque après le bal ?
Il vole à la tombée du jour.
Oiseau de poils, oiseau sans plumes,
Il sort, quand l'étoile s'allume,
De son repaire de décombres.
Chauve-souris, masque de l'ombre.

Robert Desnos, *Chantefables et Chantefleurs*, Gründ

113

 Vrai (V) ou Faux (F) ?

☐ Les chauves-souris sont des mammifères.

☐ Les chauves-souris mangent des légumes.

☐ Certaines chauves-souris s'appellent des vampires.

 Relie ce qui va ensemble.

le petit murin

l'oreillard

le renard-volant marteau

grandes oreilles

museau pointu

nez bizarre

pour dénicher le pollen

pour entendre le vol des insectes

pour faire le bruit d'un klaxon

 Écris dans les cadres le nom des parties de la chauve-souris.

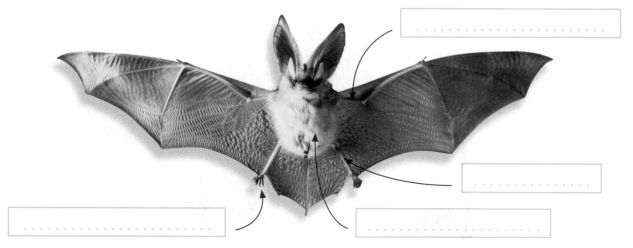

. . . .

. . . .

. . . .

. . . .

1 Écris le nom du personnage sous chaque dessin.

. . . .

2 Relève deux indices montrant que les personnages sont des vampires.

• . . . .

• . . . .

3 Complète les bulles avec le texte qui convient.

1 **Souligne les mots qui montrent que c'est un oiseau de mer qui parle.**

Je vois quelque chose de sombre à la surface de l'eau, sûrement un banc
de poissons… Je vais me régaler ! Un, deux… je plonge !
Mais… que m'arrive-t-il ? Ce ne sont pas des poissons. Mes ailes sont lourdes,
tout d'un coup… Je ne peux plus bouger. Une boue noire colle mes plumes.
J'en ai plein le bec. Mes frères et mes sœurs sont comme moi.
L'un d'eux coule à pic ! Que nous arrive-t-il ? Au secours !

2 **Colorie dans chaque paire la phrase qui correspond au texte.**

L'oiseau ne comprend pas ce qui lui arrive.

L'oiseau est séparé de ses frères et sœurs.

Le « petit homme » veut dévorer l'oiseau.

Le « petit homme » prend l'oiseau dans ses mains.

L'oiseau demande au « petit homme » de le relâcher.

L'oiseau demande au « petit homme » de l'aider.

3 **Donne un titre à chaque texte de la fiche-outil 1.**

Texte 1 : . . . .

Texte 2 : . . . .

Je comprends

Date ....

1 Dans le titre *Je te sauverai !* :

- Qui parle ? ....

- À qui s'adresse la phrase ? ....

2 Colorie les phrases prononcées par l'oiseau.

Peut-être que, finalement, il ne va pas me faire de mal.

Je te sauverai !

Je vais me régaler ! Une, deux… je plonge !

3 Imagine ce que dit l'oiseau.

....

....

....

4 Entoure la phrase qui veut dire la même chose que la phrase encadrée.

« J'ai gaspillé mes dernières forces. »

- J'ai bien mangé pour prendre des forces.
- J'ai gâché les forces qui me restaient.
- J'ai couru de toutes mes forces.

 Je comprends

1 **Classe les expressions selon qu'elles conviennent à l'enfant ou à l'oiseau.**

la langue des signes – un banc de poissons – Au secours ! – dix ans –
je vais me régaler ! – il a un blocage

l'enfant	l'oiseau

2 **Entoure la proposition juste et note la page où tu as lu la réponse.**

Alan et sa mère sont en vacances
en Espagne.
en Bretagne.

Page . . . .

Alan
comprend ce qu'on lui dit mais il ne peut pas parler.
ne comprend pas ce qu'on lui dit et ne peut pas parler.

Page . . . .

Alan
n'a jamais vu de marée noire.
a déjà connu une marée noire.

Page . . . .

3 **Relève dans le livre la phrase qui explique ce que l'on voit sur l'image** (page 7).

. . . .

. . . .

. . . .

. . . .

J'écris

Chapitre 1

1 Écris une suite de l'histoire. Donne un titre à ton texte.

Aide-toi des illustrations et de ton TRÉSOR DE MOTS.

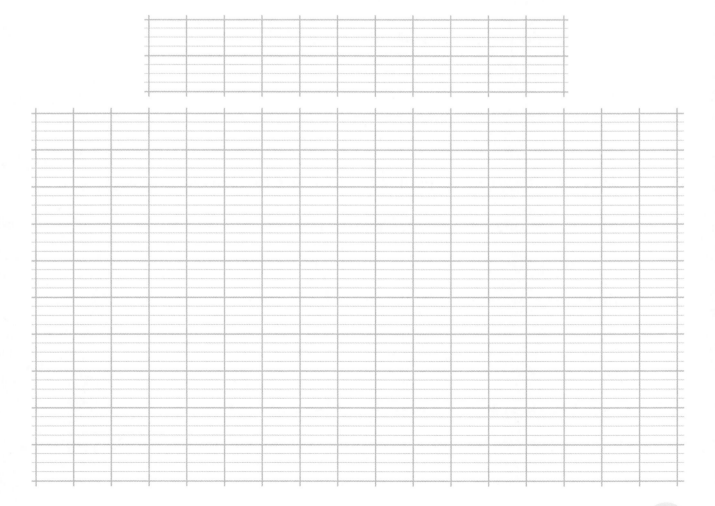

 Complète les phrases avec les bonnes dates.

- Le naufrage a lieu le . . . .
- Annick et Alan apprennent la nouvelle le . . . .
- Alan recueille Jonathan le . . . .

 Numérote les événements dans l'ordre de l'histoire.

Alan recueille un guillemot pour tenter de le sauver.

Des oiseaux s'échouent sur le rivage.

Alan donne un nom au guillemot : Jonathan.

L'*Erika* fait naufrage.

 Entoure le mot qui correspond au roman. Aide-toi des numéros de page.

- une plaque / nappe / claque de fioul **(page 9)**
- un oiseau mazouté / blessé / abandonné **(page 10)**
- du fioul laiteux / nerveux / visqueux **(page 12)**

4 **Reconstitue la première phrase du roman, puis écris-la.**

libre – de l'océan. – Un oiseau, – comme le vent, – vole au-dessus

Je comprends

1 **Complète les phrases en t'aidant du livre.**

- Alan prend . . . . Jonathan dans un chiffon.

- Alan pense que Jonathan doit souffrir . . . .

- Quand Alan regarde Jonathan, il éprouve de la . . . .

2 **Remets dans l'ordre les sentiments de Jonathan** (aide-toi de ton livre, page 14).

- [. . .] Il a envie d'être aidé.

- [. . .] Il prend confiance en Alan.

- [. . .] Il regrette d'avoir essayé de s'enfuir.

- [. . .] Il a peur du petit homme.

3 **Écris dans les bulles ce que pensent Alan et Jonathan.**

Je comprends

1 Remplace le mot en couleur par un mot qui a le même sens.

- Alan est un garçon très **bon** : il est . . . .

- Jonathan espère qu'Alan va le traiter avec **bonté** : avec . . . .

- Alan et Jonathan vont devenir **copains** : ils vont devenir . . . .

- C'est l'histoire d'une **affection** entre un oiseau et un enfant :
  C'est l'histoire d'une . . . .

2 Complète à l'aide d'un mot de la même famille que les mots en couleur.

- amitié – amicalement – ami

  → Alan a pour Jonathan un geste . . . .

- généreux – généreusement

  → En cherchant à sauver l'oiseau, Jonathan fait preuve de . . . .

3 Barre l'intrus dans chaque liste.

- ami – détester – copain – camarade – apprécier
- généreux – donner – voler – bonté

4 Écris deux phrases avec les mots donnés.

- amitié : . . . .

- généreux : . . . .

 Raconte une rencontre que tu as faite avec un animal, ou choisis un animal et imagine ta première rencontre avec lui. Puis dessine-le dans le cadre.

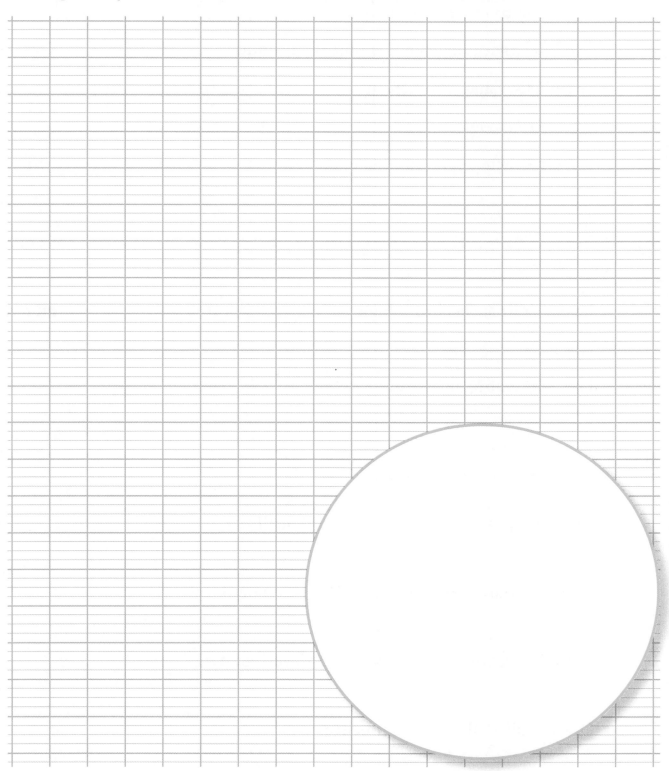

1 Numérote les différents moments de la catastrophe dans l'ordre.

- (. . .) Le pétrolier se casse en deux.

- (. . .) Le capitaine signale une fuite de mazout.

- (. . .) L'*Erika* lance un SOS.

- (. . .) L'*Erika* coule.

- (. . .) On évacue les hommes d'équipage.

2 Recherche dans le texte documentaire page 140 des mots de même sens que les mots entourés.

- La page retrace la chronologie (de la perte) du navire.
  du . . . .

- Le 13 décembre, le bateau (sombre.)
  . . . .

3 Réponds aux questions par une phrase.

- Combien y avait-il d'hommes à bord de l'*Erika* ?

. . . .

- À quelle heure le pétrolier s'est-il cassé en deux ?

. . . .

- Combien de tonnes de pétrole sont déversées dans la mer ?

. . . .

- Quelles autres îles ont été touchées ?

. . . .

Je comprends

1 **Complète avec les mots qui conviennent.**

(rassurer son oiseau)   (soigner lui-même son oiseau)   (rester avec son oiseau)

- Alan entoure le carton de ses bras. **(page 16)**

  Il veut . . . .

- Alan tire Jean par la manche. **(page 18)**

  Il veut . . . .

- Alan caresse le plumage de l'oiseau. **(page 20)**

  Il veut . . . .

2 **Colorie les phrases prononcées par Jean pour expliquer ce que ressent Jonathan.**

(Il est stressé.)   (Il est furieux.)   (Il est terrifié.)   (Il est découragé.)

3 **Entoure la raison pour laquelle Jonathan est terrifié.**

- Il croit qu'on va le remettre à la mer.

- Il sait qu'on va le baguer.

- Il n'a jamais vu d'humain d'aussi près.

4 **Imagine ce que pense Jonathan pendant que Jean le bague.**

. . . .

. . . .

Date . . . .

J'écris

 À la fin du chapitre 3, Alan caresse le plumage de Jonathan pour calmer ses peurs. Imagine puis écris ce que pense Alan.

Aide-toi de ce qui est écrit au tableau et de ton TRÉSOR DE MOTS.

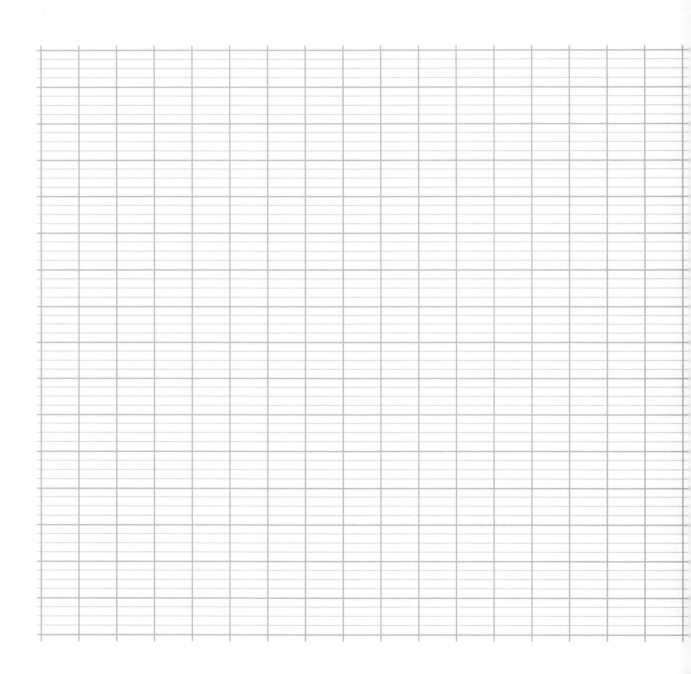

Je comprends

Chapitres 1, 2, 3

1 **Complète le résumé de l'histoire jusqu'à la page 20.**

Le dimanche 12 décembre, Alan et sa mère apprennent qu'un . . . .

nommé l'*Erika* a fait . . . . Quelques jours plus tard,

des centaines d' . . . . mazoutés arrivent sur les plages.

Alan court à toute vitesse sur la plage quand il voit un . . . .

de Troïl et parvient à l'attraper. Alan appelle l'oiseau . . . .

2 **Écris à côté de chaque portrait le nom du personnage, puis relie-le à ce qu'il dit.**

. . . .

Tiens, Alan… Prends ce grand chiffon.

. . . .

Je suis complètement épuisé.

. . . .

Ces oiseaux ont une toute petite chance de s'en sortir.

. . . .

Alan s'est attaché à l'oiseau.

. . . .

C'est Jonathan.

Je comprends

Chapitre 4

1 Remets en ordre les soins donnés à Jonathan (aide-toi de ton livre).

☐ Jean lui injecte un produit vitaminé.

☐ Jean remplit la sonde de soupe de poisson.

☐ Jean lui injecte un médicament.

☐ Jean enfonce la sonde dans sa gorge.

☐ Jean retire le mazout de son bec.

2 Relève les deux phrases du roman qui montrent qu'Alan considère l'oiseau comme son ami.

Page 21 : . . . .

Page 24 : . . . .

. . . .

3 Entoure l'explication qui te semble juste.

• Quand Jonathan pense : « De la nourriture ! Enfin de la nourriture ! » :

→ il est furieux – il a peur – il est soulagé.

• Quand Jonathan pense : « Ils m'ont piqué ! Ils sont fous ! »

→ il est révolté – il est triste – il est content.

4 Complète la phrase.

Les soigneurs s'efforcent de . . . . les oiseaux,

mais beaucoup d'entre eux risquent de . . . .

Je comprends

Cahier, pages 141-142

1 Complète les phrases avec les mots de la liste, puis numérote-les dans l'ordre.

(À l'arrivée)   (Au début)   (Quand les oiseaux ont repris assez de poids)

(Après deux semaines en piscine)

[. . .] . . . . , les oiseaux sont nourris trois fois par jour
avec une bouillie de poissons et on enduit leurs palmes d'antiseptique.

[. . .] . . . . , les oiseaux sont
transportés dans des cartons, puis relâchés le long des Côtes d'Armor.

[. . .] . . . . , on les lave
dans une machine pendant trois minutes.

[. . .] . . . . , les oisaux sont répartis dans des enclos
et on leur évite tout stress.

2 Complète les phrases avec les mots de la liste.

(nettoyer leurs plumes)   (ne pas abîmer leurs plumes)   (ne pas les stresser)

(absorber le pétrole qu'ils ont ingurgité)

• On leur donne du charbon à avaler pour . . . .

. . . .

• On agit dans le calme pour . . . .

• On place les oiseaux dans une machine pour . . . .

• Après le séchage, on cesse de les toucher pour . . . .

. . . .

Je comprends

1 Barre les informations qui ne sont pas dans le chapitre 5.

La clinique change de lieu.

Jonathan est envoyé sur le continent.

Alan quitte Belle-Île.

Jonathan mange des sprats.

2 Coche ce qui est juste.

Jonathan voudrait :

☐ sécher ses ailes au soleil.

☐ flotter sur l'océan.

☐ se poser sur un bateau.

Les guillemots se serrent les uns contre les autres pour :

☐ se soutenir.

☐ ne pas tomber.

☐ avoir chaud.

3 Alan et sa mère doivent prendre des précautions pour approcher les oiseaux. Retrouve ces précautions page 28 et écris-les ci-dessous.

. . . .

. . . .

. . . .

4 À la page 30, relève la phrase de Jonathan qui montre qu'il va mieux.

. . . .

. . . .

J'écris

Écris la fiche rédigée par la classe pour expliquer aux bénévoles comment bien s'occuper des oiseaux.

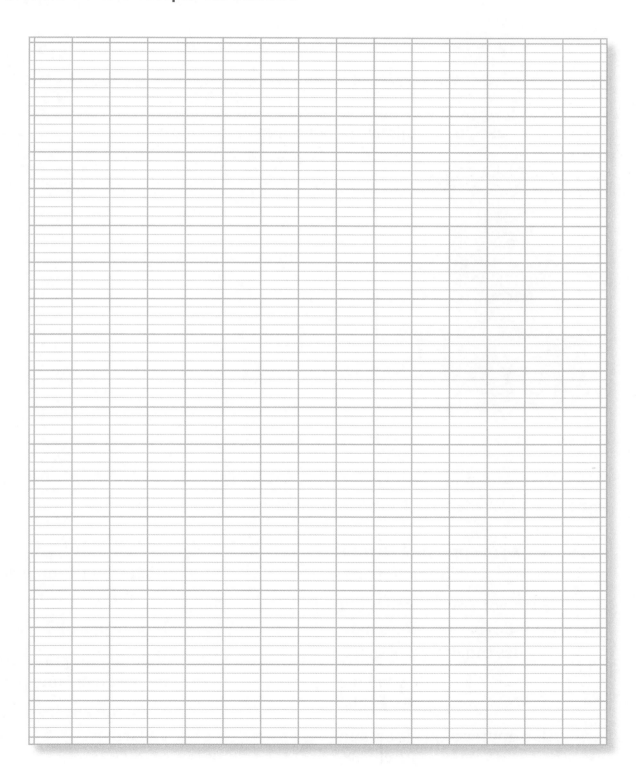

Je comprends

1 Que s'est-il passé à la clinique ? Pourquoi certains oiseaux sont-ils morts ?

. . . .

2 Écris une phrase pour expliquer ce qui se passe sur l'illustration.

. . . .

. . . .

. . . .

. . . .

3 Relie chaque événement à la réaction d'Alan.

Alan apprend la panne des radiateurs. •

Alan voit les bénévoles qui emportent des cartons contenant des cadavres d'oiseaux. •

Alan voit la cellule de Jonathan vide. •

Alan apprend que Jonathan est vivant. •

• Il saute et déboule dans une pièce.

• Il reste pétrifié.

• Il donne un grand coup de pied dans une poubelle.

• Il s'assoit sur le sol et fond en larmes.

J'écris

Chapitre 6

 1 Écris ce que dit Hélène à Alan pour le rassurer avant qu'il rentre à Paris.
Aide-toi du TRÉSOR DE MOTS.

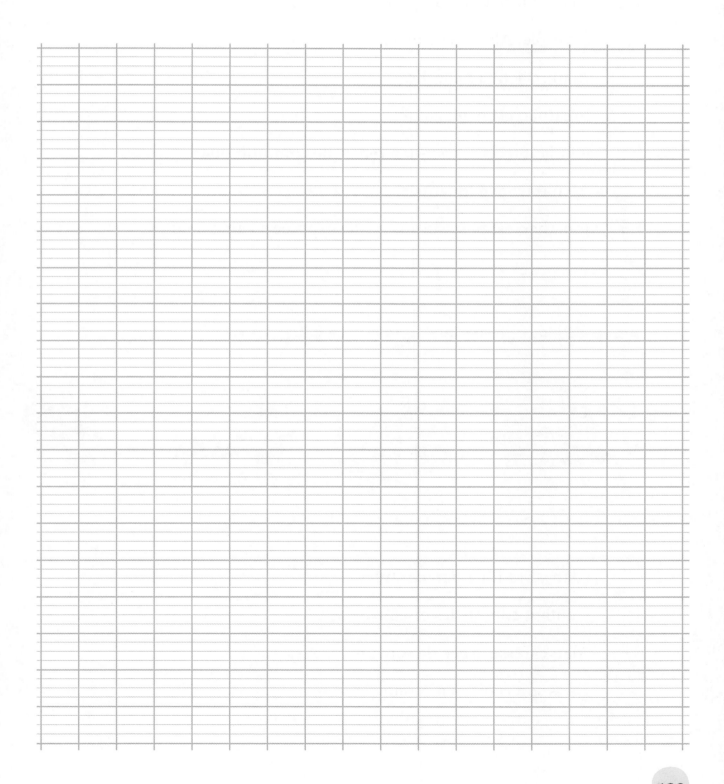

Je comprends

1 Remets les événements dans l'ordre de l'histoire.

> **1** Alan quitte Jonathan pour repartir à Paris.
>
> **. . .** À l'école, Alan n'écoute pas.
>
> **. . .** Alan revient à Belle-Île
>
> **. . .** Jonathan est démazouté.
>
> **. . .** Pendant trois jours, Alan refuse de communiquer.
>
> **. . .** Alan retrouve Jonathan.
>
> **7** Jonathan est posé sur une grille exposée à l'air chaud.

2 Associe chaque phrase au dessin qu'elle décrit.

Ⓐ   Ⓑ   Ⓒ   Ⓓ

> **. . .** Alan serre Jonathan contre lui.
>
> **. . .** L'enfant compte les oiseaux.
>
> **. . .** Alan caresse le bec de son ami.
>
> **. . .** Dans son école, il n'écoute pas.

Date . . . .

1 Recopie dans l'ordre les étapes du démazoutage.

Verser dedans un produit démazoutant.   Poser l'oiseau sur une grille à l'air chaud.

Remplir une bassine d'eau chaude.   Placer l'oiseau dans une pièce chauffée.

Le mettre dans une piscine aménagée.   Laver l'oiseau à quatre reprises.

. . . .

. . . .

. . . .

. . . .

2 Complète le monologue de Jonathan avec les mots suivants.

nuages   ventre   noire   écume

Miracle ! La boue . . . . a enfin quitté mon corps. Je suis heureux,

heureux, heureux ! Mon . . . . est redevenu blanc comme

l' . . . . des vagues, blanc comme les . . . .

3 Jean explique pourquoi il faut bien rincer les oiseaux. Écris ce qu'il dit.

. . . .

. . . .

. . . .

. . . .

. . . .

Je comprends

Chapitre 9

1 Coche les deux propositions qui sont justes.

Jean laisse le carton qui contient Jonathan à Alan **(page 46)** :

☐ pour qu'Alan remporte l'oiseau avec lui.

☐ pour que ce soit Alan qui donne la liberté à l'oiseau.

☐ pour qu'Alan puisse se séparer tendrement de l'oiseau.

2 Colorie la phrase qui correspond à ce que ressent Jonathan.

> Je suis heureux de quitter Alan et de revenir parmi les miens. J'oublierai vite son amitié.

> Je dois quitter Alan pour vivre parmi les miens. Jamais je n'oublierai tout ce qu'il a fait pour moi.

3 Colorie la phrase qui correspond à ce que ressent Alan.

> Jonathan était mon ami mais je dois lui rendre la liberté.

> Je suis fâché contre Jonathan de me quitter pour ses amis.

4 Propose un autre titre pour le chapitre.

. . . .

Je comprends

page 47

1 Colorie les mots qui conviennent.

Alan sent alors un (incendie)(un feu) au fond de lui.

Des flammes (surgissent)(se détachent) de son cœur et s'étendent à tout

son corps. (Des mots)(Des lignes) les chevauchent. Des mots si longtemps

enfouis qui (battent)(cognent) et grimpent jusqu'à (son cou)(sa gorge).

2 Coche la fin de phrase correcte.

Jonathan vole au-dessus d'Alan :

☐ parce qu'il a encore besoin d'aide.

☐ parce qu'il manifeste son amitié.

☐ parce qu'il hésite sur la direction à prendre.

3 Complète les phrases.

Grâce à Alan, Jonathan a retrouvé

. . . .

Grâce à Jonathan, Alan a retrouvé

. . . .

4 Illustre la dernière scène du roman.

Je comprends

1 **Numérote les phrases dans l'ordre du roman (aide-toi du livre).**

1 Alan court à toute vitesse sur la plage.

... Alan caresse le plumage de l'oiseau pour calmer ses peurs.

... Alan répond dans la langue des signes : « C'est Jonathan ».

... Alan part s'asseoir sur un rocher à l'écart de la foule.

... Alan donne un grand coup de pied dans une poubelle.

... Alan entoure le carton de ses bras.

2 **Complète le texte.**

Quand Alan a rencontré . . . . , celui-ci était mal en point.

Ils sont devenus de grands . . . . et grâce aux . . . .

des bénévoles, l'oiseau a pu être . . . .

3 **Complète les phrases avec le mot qui convient.**

Au début du roman, Jonathan peut à peine . . . .

À la fin du roman, il peut à nouveau . . . .

4 **Propose un autre titre pour le roman.**

. . . .

J'écris

 1 Un jour, alors qu'Alan marche sur la plage, Jonathan revient. Écris la scène des retrouvailles entre l'enfant et l'oiseau.

Aide-toi de ton TRÉSOR DE MOTS.

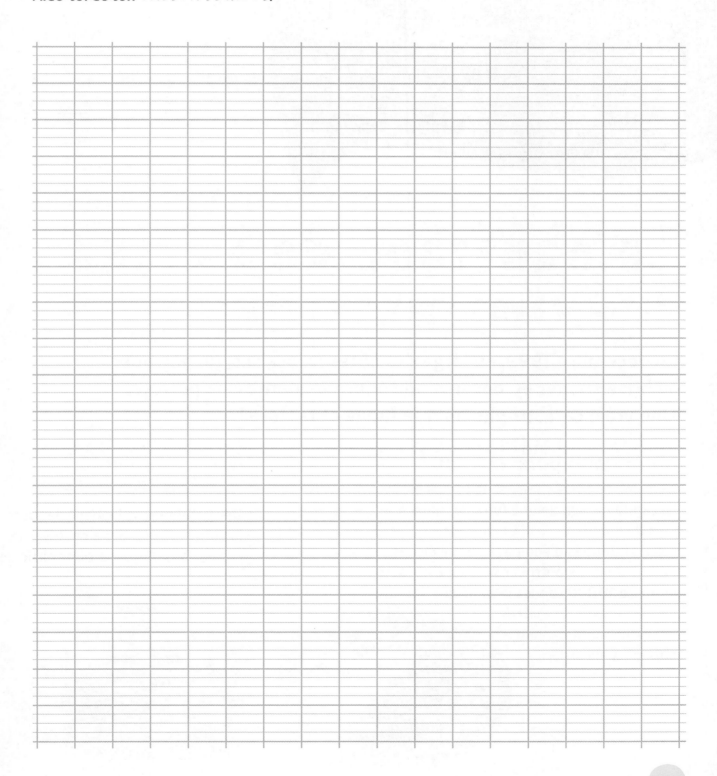

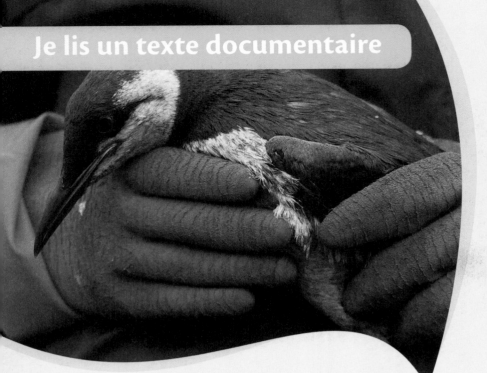

400 kilomètres de côtes ont été touchés.

Le naufrage de l'Érika
Un cauchemar pour les oiseaux

En décembre 1999, au large des côtes françaises, un pétrolier se brise en mer et déverse une énorme quantité de pétrole. Une vraie catastrophe pour la faune et la flore !

La chronologie du naufrage

Le samedi 11 décembre, le temps est très mauvais. Le capitaine signale une fuite de mazout.
Le dimanche matin, l'Érika lance un SOS. Les 26 hommes d'équipage sont évacués.
À 8 heures, le pétrolier se casse en deux et libère 10 000 tonnes de pétrole !
Le lendemain, la moitié avant de l'Érika coule, puis la partie arrière.

Tout le monde se mobilise ▼

Des volontaires viennent de toute la France pour aider à nettoyer les côtes, dans des conditions difficiles.

140

Enquête dans un centre de soins

▼ Victimes du mazout

Après la catastrophe, des milliers d'oiseaux de mer recouverts de mazout sont recueillis dans les centres de soins de la Ligue de Protection des Oiseaux (L.P.O.).

LE SAVAIS-TU ?

Entre 600 000 et 1 million d'oiseaux de mer ont été touchés par la marée noire !

◄ 1. À l'arrivée

Les oiseaux reçoivent des piqûres d'antibiotiques. On leur fait aussi avaler du charbon pour absorber le pétrole qu'ils ont ingurgité. Ils sont ensuite répartis dans différents enclos. Les soigneurs agissent dans le calme car trop de bruit pourrait stresser les oiseaux.

2. Soins et nourriture

Les soigneurs enduisent les palmes des oiseaux d'antiseptique et mettent de la pommade sur leurs yeux, pour soigner les brûlures. Au début, les gaveurs nourrissent les oiseaux à l'aide d'une sonde.
Au menu, bouillie de poissons !
▼

3. Lavage délicat !

Quand les oiseaux ont repris assez de poids, on les lave. Ils sont glissés dans une machine, les ailes ouvertes et les pattes bien attachées. Le lavage dure trois minutes et il est indolore. À la sortie, l'oiseau doit être tout propre, sinon on recommence ! ►

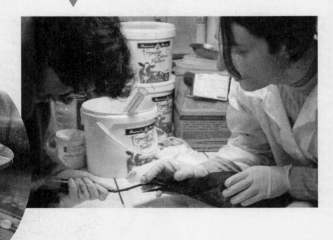

5. Le test de la piscine

Une fois sec, l'oiseau est placé dans un bassin. S'il coule, cela veut dire que ses plumes ne sont pas assez imperméables : il doit repasser par la case lavage !

4. Le séchage

Les oiseaux sont ensuite séchés avec un ventilateur pendant une heure.
On ne doit plus les toucher pour ne pas risquer d'abîmer leurs plumes.

6. Et après ?

Après deux semaines passées à barboter dans la piscine, les oiseaux sont relâchés au nord de la Bretagne, loin du mazout et de la pollution. Pour eux, une nouvelle vie commence !

Identification des victimes

De nombreuses espèces d'oiseaux ont été touchées par la pollution, mais trois d'entre elles plus particulièrement.

Le guillemot de Troïl (1)

Des colonies entières de guillemots disparaissent à chaque marée noire.

La mouette tridactyle (2)

Elle passe tout son temps à pêcher en pleine mer. Elle est donc particulièrement menacée par les nappes de pétrole.

L'eider à duvet (3)

C'est le plus grand des canards marins. Il passe l'hiver sur le littoral français.

Les animaux ont des ennuis

Le pauvre crocodile n'a pas de C cédille
On a mouillé les L de la pauvre grenouille
Le poisson scie
a des soucis
le poisson sole
ça le désole

Mais tous les oiseaux ont des ailes
même le vieil oiseau bleu
même la grenouille verte
elle a deux L avant l'E

Laissez les oiseaux à leur mère
laissez les ruisseaux dans leur lit
laissez les étoiles de mer
sortir si ça leur plaît la nuit
laissez les p'tits enfants briser leur tirelire
laissez passer le café si ça lui fait plaisir

La vieille armoire normande
et la vache bretonne
sont parties dans la lande
      [en riant comme deux folles
les petits veaux abandonnés
pleurent comme des veaux abandonnés

Car les petits veaux n'ont pas d'ailes
comme le vieil oiseau bleu
ils ne possèdent à eux deux
que quelques pattes et deux queues

Laissez les oiseaux à leur mère
laissez les ruisseaux dans leur lit
laissez les étoiles de mer
sortir si ça leur plaît la nuit
laissez les éléphants
      [ne pas apprendre à lire
laissez les hirondelles aller et revenir.

Jacques Prévert,
Histoires et d'autres histoires,
© Gallimard.

CRÉDITS PHOTOGRAPHIQUES

p. 4 : © Fleurus Editions, coll. Biblio Mango ; © Jerane/Fotolia © ; Fleurus Editions, coll. "Les families".

p. 28 : © Ton Koene/age fotostock; (reprise page 32) © Cirque du Soleil/Claire Greenway/Getty Images/AFP; (reprise page 32) © Cirque Oz/William West/AFP ; (reprise page 32) © Cirque Amar/Fabien Arpin-Pont

p. 29 : (reprise page 32) © Cirque Pinder/PHOTOPQR/Le Progrès/Stéphane Guiochon ; (reprise page 32) © Cirque Amar/Fabien Arpin-Pont

p. 30 : © Arlette Gruss

p. 58 : (reprise page 62) © Tips/Photononstop ; (reprise page 62) © John Warburton-Lee/Photononstop ; © Frans Lanting/Corbis ; © David A. Northcott/Corbis

p. 59 : © Friedrich Stark/Alamy/Hemis.fr ; © pig611/Fotolia ; © Mauritius/Photononstop ; (reprise page 62) © Hervé Vincent/Réa ; (reprise page 62) © Paule Seux/Hemis.fr

p. 60 : © RMN/Succession Picasso 2011

p. 84 : © Mehau Kulyk/SPL/Cosmos

p. 85 : © P. Bourdis/Ciel et espace

p. 110 : © Seitre/Bios ; © Tuttle Merlin/Jacana

p. 111 : © Rudolf Konig/Jacana ; (reprise page 114) © Jacana ; (reprise page 114) © J. P. Ferrero/Jacana ; (reprise page 114) © Philippe Prigent/Jacana ; (reprise page 114) © CNRS A. J. Devez/Jacana

p. 140 : © Hellio/Van Ingen/Phone ; © Stéphane Marc ; © AFP

p. 141 : © Corbis ; © Jean-Frédéric Ittel/Bios ; © Christophe Courteau/Phone ; © Corbis ; © J. L. Le Moigne/Bios

p. 142 : © Ziegler/Bios ; © J. L. Le Moigne/Bios ; © M. Gunther/Bios ; © T. Le Quay

ILLUSTRATIONS EXTRAITES DES ALBUMS

La princesse à la gomme : Sébastien Mourrain
En sortant de l'école : Manu Ruch
Mémed et les 40 menteurs : Élène Usdin
Même pas peur ! : Nancy Ribard
Je te sauverai ! : Vincent Dutrait

AUTRES ILLUSTRATIONS

p. 4, 10, 14, 18 : Loïc Méhée
p. 31 : Marie-Élise Masson
pp. 61 et 113 : Sébastien Chebret
pp. 84, 110-111, 140, 141, 142 : Philippe Chauvet
pp. 86, 87, 143 : Claire Delvaux
p. 101 : Nancy Ribard
Vignettes noir et blanc : Élodie Balandras, Olivier Latyk, Loïc Méhée, MariOn Vandenbroucke

Conception de couverture et maquette intérieure : Delphine D'INGUIMBERT
Réalisation : AL'SOLO
Cartographie : PAO MAGNARD
Iconographie : Soizic LANDAIS et Virginie DAUVET
Photogravure : COULEURS D'IMAGE
Édition : Françoise LAURENT

Aux termes du Code de la propriété intellectuelle, toute reproduction ou représentation intégrale ou partielle de la présente publication, faite par quelque procédé que ce soit (reprographie, microfilmage, scannérisation, numérisation) sans le consentement de l'auteur ou de ses ayants droit ou ayants cause est illicite et constitue une contrefaçon sanctionnée par les articles L.335-2 et suivants du Code de la propriété intellectuelle.
L'autorisation d'effectuer des reproductions par reprographie doit être obtenue auprès du Centre Français d'exploitation du droit de Copie (CFC) – 20, rue des Grands-Augustins – 75006 PARIS – Tél. : 01 44 07 47 70 – Fax : 01 46 34 67 19.

© Éditions Magnard, 2011. 5 allée de la 2e D. B. 75015 Paris
ISBN : 978-2-210-62437-5

Achevé d'imprimer en mars 2015 par «La Tipografica Varese Srl» Varese
N° d'édition : 2015_0721 - Dépôt légal : mars 2011
Imprimé en Italie

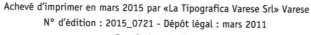